光绪之死

悲情天子的挣扎与陨落

徐琳玲——著

岳麓書社

历史屏风上的一抹身影

在我很小的时候，曾从家中的18英寸彩电上看过一部老电影，片名叫《垂帘听政》。

片中，慈禧太后由非常有个性的女演员刘晓庆扮演，演咸丰帝的则是香港老牌演员梁家辉。再后来，我还看过一部由中国第五代导演田壮壮拍的电影《大太监李莲英》，其中慈禧依旧是刘晓庆扮演，而演李莲英的则是姜文。我肯定没记错，就是那个我们印象中又痞又蛮、浑身上下散发雄性荷尔蒙气息的姜文。片中，他用一种特别尖细而怪异的声调念着台词，整个紫禁城笼罩在一股病态、压抑的气氛里。对一个小孩子来说，那很像一部恐怖片！

再到后来，每次打开家中电视，必有“阿哥”“阿玛”“格格”“万岁爷”在闹腾着。但我那时的兴趣已经转移到电影、美剧、英剧上去了。

从学校毕业后，我进了南方一家报业集团，在一份以人物报道见长的知名杂志工作至今。“百年家族”和“百年人物”是这份杂志经营多年的产品。作为文化线的记者，我是该系列的主要参与者之一。

我因此在几年里陆陆续续关注了曾国藩、李鸿章、张之洞、盛宣怀、杨度、蔡元培、陈独秀等一大批从晚清至民国的历史人物。通过阅读史料、相关研究专著，以及采访专家学者、名人之后，开始一点一滴重新构建起对晚清七十年和民国初年的粗略认识。所谓“重新构建”，当然是指区别于过往从中学历史教科书中学到的那一些东西。

从太平天国运动、洋务运动、戊戌变法、庚子国难到东南互保……当目光追随近代史上的那些重大事件，那些影响历史走向的重要人物时，我总会碰到两个绕不过去的人物。一位是在近半个世纪里掌控大清帝国最高权力的女性——叶赫那拉氏，另一位则是清王朝第11位皇帝——爱新觉罗·载湉，即光绪皇帝。

这一对位于大清权力之巅的养母子，仿佛是历史舞台剧背景屏风上的人儿。相比叶赫那拉氏的浓烈刺目，清史上这位命运最悲情的皇帝更像是一抹淡漠、忧伤的影儿。

2018年是“戊戌变法”一百二十周年，我们商量着该做些什么来纪念中国近代史上这次最具悲情的维新变法运动。一位同事建议：怎么我们就从来没有关注过光绪帝呢？

还真是呢。我们相继报道过康有为、梁启超，还有李鸿章、曾国藩、张之洞，却一直把光绪帝当作一个台词和戏份很少的“小配角”，从来没有真正留意过这位中国近代命运最富悲剧色彩的“囚徒天子”。而事实上，他才是百年前那次轰轰烈烈又底气不足的大事件的主持人，又是其失败后果的首要承受者，此后沦为“阶下囚”，被软禁十年。

当把视线聚焦于背景屏风上这一抹淡漠的身影，我被这个清秀、羸弱的年轻人所吸引，脑海中关于他的细节慢慢变得丰富而具体起来……

《光绪之死》的封面报道推出后，得到了出乎预料的反响。阅读点击量在数日内便达到十几万，尤其令我们吃惊的，是读者们留下的几百条大段大段的留言。本来，“百年系列”虽然是我们深耕多年的拳头产品，但因本身在知识储备和思想性上就有一定阅读门槛，一篇质量上乘的人物报道常常只有两三万左右的阅读量。因此，它属于那一类用来打“品牌”的特稿作品，强调的不是流量，而是“叫好”——赢得知识界、文化界人士的认可。

此外，它的意外受欢迎，显然还违背了新媒体时代的传播规律。尽管我一再删削、一再控制字数，还是交出了一篇23000多字的长稿。聪明如你，一定明白通过手机屏幕阅读一篇两万多字的报道，是一件多么“反人性”的事儿。

这让我逐渐意识到——中国的文化大众正在越来越成熟，要求也越来越高。他们有强烈的求知欲，对自己所生活的时代和过去充满好奇，渴望能读到、也有足够的耐心和能力接受更有深度和厚度的文字。而另一方面，随着越来越多新史料的发现和新研究范式引入，学术界在近现代史领域其实已经有了许多重大的、改写过往认知的突破性进展。

然而在与大众之间，却存在着一条巨大的断裂带。

在西方，面向大众的学术畅销书早已成为一个非常成熟的门类。我曾采访过《耶路撒冷三千年》的作者、英国历史学家西蒙·蒙蒂菲奥里。他极擅长讲故事，是营造悬念的高手。蒙蒂菲奥里拥有牛津大学历史学博士学位，受过严格的学术训练。为了亲历历史，他在苏联解体后奔赴俄罗斯，在外高加索地区做过多年独立撰稿的战地记者，和形形色色的政客、独裁者、军阀、战争贩子打过交道。

我还有幸采访过被誉为“当代讲述战术、杀戮、战争心理最杰出的作家”、瑞典历史学家皮特·恩格伦。他是瑞典学院院士，是一个更典型的学院派学者。为了触摸到当下真实历史，他曾在冷战期间“投笔从戎”，中东战争期间又以特派记者身份在巴尔干地区、阿富汗、伊朗做战争报道。他曾和我回忆起自己在战场上经历过的内心的塌陷和向内紧缩感。所以，他对“历史合力”中非理性的部分——个体与群体的情感和心理暗流有着深刻的洞察和体悟。

他们都是拥有学者、作家、记者等多重身份的人——作为学院派历史学家，他们要求自己抵达当下重大事件的现场；作为记者，他们则要训练自己具有更长时段的思考分析能力；此外，他们对写作和叙事有着极高的要求。

很幸运，我也可以在这方面做一点小小的尝试。《光绪之死》发表后，岳麓书社的李郑龙先生联系到我，提出能否把这篇历史人物长稿充实成为一本小书。可以不受困于版面、放开手写，是每一个记者的梦想。

我终于可以把那些因篇幅而不得不删去的“宝贝”又捡回来了。此外，我又对史料做了进一步充实，并对史实做了更多查证、核实，对一些重要的晚清史料，从之前的“检索式阅读”切换到“整体阅读”。譬如，我把《翁同龢日记》的六卷本来来回回阅读了好多遍——那里有对光绪帝从幼年、少年到成年的第一手记录，以及对晚清诸多重大历史事件“正在发生时的记录”。

这里特别要感谢茅海建、汤志钧、黄彰健等几位近代史学者对戊戌变法史实的考辨和“历史重建”。尤其是茅先生的研究，我很仔细地研读了他的考辨过程，佩服他从各种第一手资料，从掺杂了许多“水分”的材料里交叉、对比求证，以此逼近历史真相的功力。另外，我也参考了其他多位晚清史学者的研究，以及他们之间为还原真相进行的学术争论。

当还原那一段被当事人有意遮盖和歪曲的历史，使用经茅先生等学者考辨过的史实时，我心里很有一份踏实感。

以帝王、高层政治人物为中心的历史叙事，很容易“沦为”一部高层权力斗争史，但我意不在此。吸引我的，永远是历史中一个个具体的人，他们内心的热望和恐惧、情感和疼痛、快乐与悲伤，以及他们的行动和选择。

当近距离打量这些处在历史洪流中的人物时，我发现很难用帝党/后党、保守派/维新派、进步/反动这一类简单的标签来概括、定义这些具体而鲜活的人。他们各有自己珍视和认为要持守的东西，这种立场和价值也并非一成不变，而会随着局势的变迁、自我的认知、所处群体的利益和情感等发生改变。书中一个很有说服力的人物，大概就是慈禧太后的“心腹”、也是她的著名“绯闻对象”——荣禄。在很多小说、影视剧里，荣禄都被刻画成“大反派”，一个居心叵测的阴谋家。但事实上，这是一个相当耐人寻味的人。

当和笔下的这些人物在一起时，我的心脏会跳动得很快，和他们一起悲一起喜，会为小载湉在书房读书时捣蛋、闹小性子的事会心一笑，会为恭亲王奕䜣暮年空洞漠然的眼神而痛心，也会对叶赫那拉氏这位复杂的权力女性不能不心生某种敬意和同情。

人性中复杂、高贵又渺小的部分，让我既叹息又着迷。这大概就是历史学者经常提到的“同情的理解，理解的同情”。有时，我不得不提醒自己要和他/她保持一点距离，以免受情感牵引而失去判断力，就像我去采访报道某个当下的新闻人物一样。

非常感谢那些为后人留下一份私人记录的人。一个合格的非虚构作者会非常清楚一点——访谈、口述和私人笔记等信息并不完全可靠，常常让人有“历史罗生门”之感。但在这些口述和笔记里，透露着历史亲历者、旁观者们最真实的爱憎与性情。隔着时空，我感觉他们接受了我的采访，至于那些没法当面追问的内容，我会从字里行间去解读、辨析和体会。

同样，我要对悠长、厚重的中国历史书写传统表达一份深深的敬意。如我这般非历史专业科班出身的写作者，如果没有特别的原因，大概很少有机会去啃读正史（《史记》《汉书》除外）、历代“实录”。这一回，我却发现自己从《清史稿》和《清实录》中学到很多，并羞愧于过往对“正史”“官修史”有太多不明就里的偏见与傲慢。

在电脑前敲完书稿最后一个句号，正是新型冠状病毒肆虐的2020年春节，同事和新闻同行们连续不断地在一线发来各种令人心碎的现场报道，微信上传播着各种真假难辨的信息，真让人感慨万千。

在未来的历史学家笔下，今天所发生的一切，又会如何被叙述和解读呢？虽然我还不清楚，但有一点我是确信的：我的同行们所记录下的，会成为极有价值和分量的史料。

最后，虽然把这本小书献给我病中的父亲。他是一位受患者爱戴的临床医生，职业生涯里大部分时间都在和肝炎、肺结核、霍乱等传染性疾病做斗争。他爱好文学，在我小时候，他经常给我们这些医院大院里的小屁孩讲福尔摩斯探案故事，然后带着我们一起寻找蛛丝马迹，推理案情，揪出“真凶”。每次他在厨房里杀鸡剖鱼，都会顺便给我上一堂生物解剖课。在他的影响和引导下，我幼时看了很多各式各样的科教纪录片。

感谢父亲和母亲，把旺盛的好奇心与求知欲栽种于我的心中。

2020 年 7 月写于富春江畔

目　录

第一章 考古破案

百年悬案

光绪三十四年十月二十一日酉正二刻三分，公元 1908 年 11 月 14 日下午 6 点 33 分，大清王朝第十一位皇帝——爱新觉罗·载湉（tián）在西苑瀛台的涵元殿驾崩，年仅 37 岁。

早在十年之前，这位大清名义上的统治者政治生命已被终结。余下的岁月里，他被软禁在西苑南海的孤岛瀛台上，形如一个沉默的木偶。

蹊跷的是，次日的未正三刻（下午 2 点 45 分），他的政治对手，养母、伯母兼姨母的慈禧太后在西苑的仪鸾殿去世。这一对利益、情感纠葛极为复杂的养母子相继离世，前后仅相差 20 小时 12 分钟。

在《清史稿》中，亲历过同光两朝的前清士大夫们微妙地将帝、后二人从病重到崩逝置于一个紧密的叙述框架内，以春秋笔法给后人留下了揣测与想象的空间："三十四年十月，太后有疾。上疾益增剧……癸酉，上崩于瀛台……甲戌，太后崩，年七十四，葬定陵东普陀峪。"

对于光绪帝的死因，从时人笔记、稗官野史到民间故事，从民国到今天的清史研究学者，一直众说纷纭。人们大多猜测或相信：光绪帝是被毒杀的，主谋是慈禧太后——也有人认为是袁世凯，帮凶是慈禧太后宠幸的太监李莲英或者崔玉贵等人。

据戊戌年间参与维新的“帝党”成员王照在其所著《方家园杂咏纪事》记载：从光绪帝驾崩到大殓，到场的宗室王公、大臣乃至和他有至亲血缘关系的弟弟们，没有一个人有胆量揭开皇帝脸上的帕子看，“因后（隆裕皇后，慈禧亲侄女）在旁故也”。

一生忠于光绪帝的王照由此悲愤地叹息：当年同治帝身染疮疾而亡，朝廷追查连带责任，一共诛杀了五名宫中太监。光绪帝之死的疑点这么多，当朝诸王公大臣一个个都做宽容大度状，装作无事发生，上下一起“粉饰太平，足光史册”。即使是朝堂史官，也做不到秉笔直书皇帝之死的真相，“此五千年未有之奇冤，遂为五千年国体之结局”。

没有铁证，这依旧是一桩悬案。晚清的光绪帝之死，如同慈安太后、同治皇帝、嘉顺皇后的死因一样，成为深埋于紫禁城里的诸多秘事之一，供后人在想象中推演出无穷的可能。

2003 年，这桩百年前的清宫悬案却因一位行外人士的介入，意外地得到了突破性进展。这一年，一位名叫钟里满的央视科教纪录片编导到河北省易县清西陵做采访。在那里，他获得一则不为外人所知的消息——清西陵文物管理处的文物库房保存着少量清朝光绪帝及其皇后遗体的头发、遗骨。

这些头发、遗骨的由来要追溯到1938年秋。当时，葬有光绪帝和其皇后的崇陵遭到一小伙不明身份的人洗劫。这伙盗墓贼的手法十分老练，对地宫情况非常熟悉。他们从哑巴院的琉璃影壁前端撬开砖石，挖了一个很深的洞，此洞直达影壁下方，然后不知用什么方法进入了地宫的墓道。

在进入墓道后，他们用松干木片从门缝顶倒顶门石，毫不费力地就进入了地宫的核心部分——“金券”，即停放帝、后梓宫的后殿。他们用斧头把光绪帝的梓宫正面砍开一个直径约3尺的圆洞，把他的尸身部分拖出棺外，盗走棺内的随葬品。至于同葬的隆裕皇后，则是从其梓宫上面打开盖子，掳走随葬物。此外，盗墓贼还打碎了外有沥粉贴金龙凤和花草图案的三层册宝箱，取走了里面珍贵的玉册和宝玺。

1980年6、7月，在得到国家文物局的批准后，有关部门对崇陵进行保护性发掘。考古工作者进入地宫后，发现光绪帝的脚被盗墓者拉出棺外，遗体趴在棺内，身上的龙纹图案衣服较为清楚可辨，但贴身穿的衣服已腐烂不堪。尸体上的装饰品几乎全部被盗空，但在他左手上，还留有一件翡翠套环和一块莲花玉石。

考古人员随后对崇陵地宫进行清理，并重新封闭了光绪帝及其皇后的梓宫。在这次考古发掘工作结束前，他们做了一个颇具远见的举动——保留了少量帝、后的头发、遗骨和衣物在棺外，并悄悄地放进文物库房保存起来。

光绪帝发辫

光绪帝遗骨

时隔23年，这一有心之举对破解光绪帝的死因起了决定性作用。听闻这一消息后，职业的敏感和想象力，使这位编导萌发出一个大胆的念头：可以做一部纪录片，把考古的检测手段和宫廷里保存的医案结合起来，用科学方法来破解这桩晚清悬案。钟里满本科毕业于陕西师范大学物理系，他最有兴趣也最擅长的是做“现代科学和古代文化的结合”的题材。

他随后牵头成立一个“调查光绪帝死因”的课题小组。在征得清西陵文物管理处的同意并得到他们的支持后，课题小组先后采集两小束光绪帝的头发，又从他下葬时所穿的龙袍、贴身内衣和部分骨骸，以及同葬一处的隆裕皇后的头发中取样。

在钟里满的联络、组织下，北京市公安局刑事侦查总队、法医检验鉴定中心、中国原子能科学院加入了课题组。他们按照法医工作规范，运用“中子活化”“X射线荧光分析法”“原子荧光光度”“液相色谱/原子吸收联用”等一系列现代专业技术手段，在光绪帝的头发、衣物、遗骨中发现高含量的砷化物，鉴定为剧毒的三氧化二砷，即砒霜。

他们推定：光绪帝腹部衣物上的砷化物是其含毒尸体腐败后直接侵蚀遗留所致，而其衣领部位及头发上的大量砷化物，则由其含毒腐败尸体溢流侵蚀所致。经科学测算，光绪帝摄入体内的砒霜总量明显大于致死量（60～200毫克），同时参照对比隆裕皇后和同时代其他干尸的头发，最终得出研究结论：光绪皇帝属急性胃肠性砒霜中毒而亡。

2008 年 11 月，一部长达万字的《清光绪帝死因研究工作报告》正式对外发布——光绪帝被砒霜毒杀的结论成立。

这一桩百年疑案的侦破，被史学界公认为突破性进展，尽管仍有个别学者持有异议，或是认为需要有进一步的旁证来充分证实这一结论。

登基大典

同治十三年十二月初五（1875 年 1 月 12 日）深夜，位于北京城西太平湖东里的醇亲王府闯进来一大队仪仗威严的人马。初六寅刻（凌晨 3 点到 5 点），三岁多的载湉从睡梦中被奶娘叫醒。仆人们给他穿戴整齐，抱进一顶黄色的轿子。一路上，他又哭又闹，吵着要睡觉。

当轿子接近紫禁城时，平日紧闭的皇宫大门已依次全部打开。轿子经过午门、乾清门，至养心殿的门口停下。小载湉被太监们抱了出来，带到两位面有凄容的贵妇面前下跪请安，其中一位十分威严。然后，太监们又把他抱到对面的东暖阁，到一具被黄布覆盖的躯体前行祭奠礼。宫殿里焚燃着最上等的香，但是，嗅觉灵敏的人还是能够从浓郁的香气里觉察到一股微微的腐臭味。黄布下躺着的，是小载湉的堂兄、驾崩不到几个时辰的大清皇帝爱新觉罗·载淳。

太监们给小载湉换上临时赶制出来的小龙袍，给他戴上皇冠，然后把他抱到龙椅上。“尊上位”的仪式开始，不知何故，之前一直在哭闹的载湉忽然安静了下来。朝中大臣们按皇家礼仪，按官爵品阶依次排列，对他磕头行礼。他大概觉得十分有趣，装模作样起来，摆出一副严肃样子，接受群臣们的叩拜。

曾担任过慈禧太后御前女官的裕德龄这样写道："故事传说，虽然他在登基时（作者注：德龄有误，此为"尊上位"之礼，登基典礼应在次年举行）举止幼稚，但当大臣进来时，他的一举一动俨然是一位皇帝，这使那些曾私下不赞成太后择立光绪的大臣感到无比惊异，因而增添了对他的希望。"

内廷太监给小载湉象征性地剪了头发，穿上丧服。亲王及以下文武大臣都着丧服，按着官阶位次排列，一同在同治帝遗体前跪下齐声大哭。看到这么多脸孔陌生的大人们一起跪着大哭，小载湉再一次被吓坏了，他又开始号啕大哭。

《清实录》用"稽颡号恸，擗踊无算"来形容小载湉对刚刚驾崩的同治帝的"忠孝"。这一描述显然十分滑稽——对小载湉来说，这位大他十几岁的堂兄完完全全是个陌生人。在他三岁半的人生里，只有宫中太监到醇王府宣读"加恩"圣旨时，他才被大人抱着向这位空气中的皇帝磕头谢恩。

未刻，大殓结束，同治帝的棺木被移至正殿。载湉继续"号泣悲恸"，宫中太监为他端来茶水饮食，他也不搭理。一群大人围着他跪地，请嗣皇帝"节哀"，"（皇）上哀感靡已。左右皆弗忍仰视"。

这场悲伤的表演还要继续。新加冕的小皇帝被安排住在居伤之所——养心殿，地面象征性地铺上草席，还有作枕头用的土块。作为大清至高皇位的继任者，他要在这里住上数日，以表达对刚驾崩的同治帝之悲伤思念。儒生们用楷书在《起居注》里写下这样的字句：“（皇）上以养心殿为倚庐，席地寝苫。”

爱新觉罗·载湉的命运被决定的时刻，是在十二月初五的当晚。酉刻（下午5点到7点），年仅19岁的同治帝在养心殿东暖阁驾崩。晚8点，在养心殿西暖阁，慈安、慈禧两宫皇太后召集皇室宗亲、朝中重臣开御前会议，商量选立新帝。

据同治帝的师傅翁同龢所记，在御前会议上，两宫皇太后询问群臣再次垂帘听政如何，有枢臣立刻说应以宗稷为重，请太后们择贤而立，然后恳求两宫再次垂帘听政。太后们接着说：“咸丰帝没有次子，今天遭此变故，若挑选年龄大的来继承帝位，我们实在不愿意，必须是年幼可调教的。我们二人怀着一样的想法，现在一语既出，就再不变更了。在座诸位听好了。”随后就宣布立醇亲王奕譞（xuān）之子、年仅三岁半的载湉为帝。

醇亲王奕譞听闻其子被立为帝时，当场“惊遽敬唯，碰头痛哭，昏迷伏地，掖之不能起”。翁同龢的日记没有指明立载湉为帝的决定究竟出自哪一位太后之口，但有一点毋庸置疑，这一定是西太后慈禧的意志。

小载湉的父亲奕譞是道光帝的第七子、咸丰帝的异母弟，他的母亲则是慈禧太后的胞妹叶赫那拉·婉贞。在中国的传统历史叙事里，每一位真龙天子的诞生必伴随着某种异象和预言，无论是官方修撰的“二十四史”，还是民间流传的各种野史戏说。这些异象和预言真伪莫辨，为王朝气数的不可知性涂抹上某种神秘色彩。

在充满迷魅的前现代社会里，上至皇亲贵戚下到普通小民都很“迷信”。家中若有新诞的婴孩，尤其是男孩，人们通常都会请来算命先生看八字，推算福祸吉凶。在宫中当女官时，裕德龄听闻了一则私底下流传的秘闻——传说载湉出生之时，醇亲王奕譞请了京城里两个非常有名的算命术士，从他们那里得到两条预言：一条是这位新诞的贝子将来会当皇帝，另一条是他未来的命运会异常坎坷。

这都是令醇亲王心惊肉跳，唯恐招致杀头毁家之祸的预言。当时，他的侄儿同治帝坐在龙椅上，正值青春年少。传闻中，醇亲王用重金收买了两位算命先生，让他们严守这个秘密。

爱新觉罗·载湉从小就是个面貌清秀、体质娇弱的男孩，长着一双大大的杏核眼，有着尖尖的下巴，漂亮得像个王府格格。他是醇亲王奕譞实际的嫡长子。在他出生之前，他的母亲、醇王嫡福晋叶赫那拉氏已夭折过一个儿子。在儿童死亡率奇高的年代，她总是为这个娇弱的男孩担惊受怕，于起居饮食上尤为小心，甚至紧张到了有点神经质的地步。据说，就是一只大虾也会让他分三天吃。小载湉因此经常处于半饥饿的状态。

醇亲王奕譞（居中者）

在醇王府的三年半，大概是小载湉一生中最自由、最无忧无虑的日子。德龄记录下她从醇亲王府那里听到的有关载湉幼年时的故事。譬如，他喜欢和王府花园里的小鸟、小花们说话，他会在园子里长时间盯着一只鸟儿然后问它——“你昨天也在这里吗?”“我想我不会认错的，因为我曾仔细地注意到你羽衣的颜色。”然后，他就命令这只小鸟为他唱支歌。小鸟就真的叽叽咕咕唱起来了。如果小鸟飞走了，他会认为它是有重要的事离开了，然后会派另一只小鸟来替代取悦他，就像取悦一个小王子一样。

他也有着这个年龄阶段的孩子该有的各种淘气和对新世界的探索。譬如他喜欢在房间的墙上画画，不久就把够得着的墙面都画满了；然后他把椅子拉到墙边，一边坐着一边画；然后站在椅子上，在更高的墙上画画；然后把东西堆在椅子上继续画。

如果不是命运微妙地一拨，他本会是一个在父母的宠爱里长大的小贝勒，作为嫡长子继承醇亲王的王爵，在大清帝国的落日余晖里，在时代和命运里沉浮飘荡，如同他众多的叔伯兄弟和子侄。

早在小载湉来到这个世上之前，他的母亲，性格温柔的叶赫那拉·婉贞已是他的姨母在权力棋盘上布下的一颗棋子。

咸丰六年（1856），刚刚为咸丰帝诞下唯一皇子的叶赫那拉氏（即后来的慈禧太后）被册封为懿妃，不到一年又升为懿贵妃。因为母家非朝中达官显贵，为了培植自己的政治势力，她说服咸丰帝把在选秀中落选的亲妹妹婉贞指配给七皇弟奕譞做嫡福晋。当时，还是醇郡王的奕譞刚刚二十出头，是京城许多满族名门企图联姻的对象。

这一着棋布置得确实很高妙。在后来的“辛酉政变”中，奕譞很自然地成为懿贵妃的可靠奥援，配合她和六哥恭亲王，亲自捉拿了他们的政敌——“顾命八大臣”之首的肃顺。数年后，奕譞又加封亲王衔，被慈禧太后视作心腹。

同治帝一驾崩，小载湉便成为爱新觉罗皇室里和慈禧太后在血缘和亲缘上最接近的一个：他是她夫家的侄儿，同时又是她娘家的外甥。

第二章　慈禧攻略

懿贵人往事

清王朝覆灭后，国民政府设立清史馆，组织学者编修清史。对于如何处理、对待统治晚清近半个世纪的叶赫那拉氏，参与编修的史官们发生过几次比较大的分歧和激烈的争论——是单独为她列传，甚至进入帝王才享有的“本纪”体例，还是只把她作为后宫嫔妃中的一员写进“后妃列传”里（最终仍列入“后妃列传”）。

这些史官大多为亲历过同治、光绪两朝的前清“遗老”，和慈禧有过直接或间接的接触，各自有真切的感受。在最后完成的《清史稿》里，出现了对这位权力女性明褒暗贬的描写和隐晦的批评。他们肯定了她对晚清最后一次“中兴”所做的政治贡献，又委婉地认定，她的专权和清王朝的倾覆有着不可分离的因果关系。

作为政治家的叶赫那拉氏，一生毁誉无数，难有定论。她精通权术，善于驭人，使得咸丰后期和同光两朝喷薄而出的一批杰出人物甘为其所用。但另一方面，她冷酷、专权，任何敢与她作对的人，或被认为和她作对的人，没一个有好下场。

这是位一生在各种内忧外患和残酷宫廷政治斗争中生存下来的强韧女性。她出身家道中落的旗人之家，青年丧夫，中年丧子，经历两次出逃，成功发动过三次宫廷政变，是大清帝国晚期长达四十八年的实际最高统治者。

当她还只是一个年仅 26 岁的年轻妃子、新丧寡妇、手无一兵一卒的深宫妇人时，就联合恭亲王奕䜣，鼓动咸丰帝的正宫皇后钮祜禄氏，即后来的东太后慈安，斗败了八位势大根深、掌握着军政大权的顾命大臣。

如同武则天、吕后、叶卡捷琳娜等历史上所有走上权力游戏牌桌的女性，关于叶赫那拉氏的各种野史、外传、戏说、故事不可胜数。据笔者粗略统计，仅影视剧就有近百部。这些有关她的叙事，或以男性视角，单一脸谱化这位权力女性，把她描绘成天底下第一号卖国贼或是纯粹由个人权力欲驱动的野心家；或是出于猎奇心理，生造出不少有关她的香艳故事，其中最离谱的，当属英国人埃蒙德·巴恪思写的《太后和我》，这位巴恪思爵士对外宣称的同性或异性情人名单上还有作家王尔德、诗人魏尔伦、英国首相索尔兹伯里等一连串世界名流。

有一个流传极广的故事如此说：自元末起，叶赫那拉氏族就和爱新觉罗氏族是世仇。到明代，叶赫部参与了明朝对努尔哈赤的作战。经过惨烈的厮杀后，该部首领布扬古见援军不至，得到降后不杀的保证后投降。谁知努尔哈赤背叛诺言杀了布扬古，叶赫部遂告灭亡。临死前，布扬古对天发誓：“我叶赫部就算只剩下一个女人，也要灭亡建州女真。”最终，这个预言应验在慈禧太后和她的内侄女隆裕皇后身上。

传说总归只是传说。经历史学者考证，慈禧太后的身世其实非常清晰。叶赫那拉氏生于道光十五年（1835）十月，属满洲镶蓝旗，祖先居关外叶赫，在今吉林省梨树县一带。等她后来被尊为皇太后，她的娘家也由此抬入“上三旗”的镶黄旗。

在男尊女卑的传统社会里，即使贵为帝国的实际最高统治者，《清史稿》也只保留了慈禧太后的娘家姓氏。她的闺名叫杏贞，小名兰儿，在京城出生、长大，入宫前家住城西四牌楼劈柴胡同。她的祖辈三代都是京城里的中层满人官吏，曾祖父吉郎阿曾当过军机章京，最高官职是户部银库员外郎，后在刑部员外郎任上去世。到父祖两代，走的都是典型的满人出身之路——以部院衙门低级文书小吏“笔帖式”为起点，祖父景瑞最高做到正五品的刑部郎中，父亲惠征则为吏部员外郎。叶赫那拉氏的母亲也算出身官宦之家，外祖父是正二品官员。

在杏贞 12 岁左右时，家中遭遇过一次重大变故。道光年间，她已去世的曾祖父被牵连进一起户部银库贪污案中。追查下来，父债子偿，她的祖父景瑞因为没法按期交足赔银而锒铛入狱，她的父亲只得变卖家产、到处借贷才把她的祖父从牢里保了出来。她晚年曾对德龄亲口诉说，自己少女时家贫，也不是受父母宠爱的孩子，常常要为邻居洗补、缝袜底以补贴家用。

咸丰二年（1852）二月，杏贞坐着骡车进入紫禁城参加选秀。她被咸丰帝看中了。两天后，叶赫那拉家接到谕旨——惠征之女被册封为兰贵人。

众多有关慈禧的小说、影视剧虚构出种种戏剧性的情节，来描述这位有心机的满族少女当初是如何引起咸丰帝注意的。总之，各路记载都提及她姿容秀丽，慈禧晚年也亲口向人说过自己年轻时因美貌如何被六宫妃嫔们所妒，“但皆为我所制”。就是到晚年，她依旧爱美、爱打扮，每天都要花上两三个小时，早中晚三次重新描眉毛刷鬓角、敷粉擦红，“六十多岁的老寡妇，一点也不歇心”。尤其是她的一双手，细腻洁白柔软，像十八九岁姑娘的，那是天天做保养功课的成果。她常爱说的一句话是——“一个女人没心肠打扮自己，那还活什么劲儿呢?”

对自己容貌、形象的一丝不苟，既因着女人爱美的天性，也因着她的认真和好强。据宫女说，就是身体欠安时，她也决不允许自己有蓬头垢面的时候，必定要梳洗完毕然后歪一小会儿。

相比容貌，叶赫那拉氏最自负的是她的聪明。据她身边的宫女说，老太后一直有做“天下第一人”的想法，平日里常常和“十全武功”的乾隆爷看齐。而慈禧太后也亲口对德龄说，她认为自己是“这个世上有史以来最聪明的女人”，连当时世界头号强国英国的维多利亚女王都不如她，因为维多利亚女王背后是有许多人（内阁、首相）在帮她做决策、管理国家的，但整个大清国都得仰仗她一个人的智慧和决断。

咸丰皇帝是个有名的好色之徒，没过多久也就失去了对她的热情。幸运的是，咸丰六年（1856）三月二十三日，她为咸丰帝诞下了唯一存活下来的儿子。母凭子贵，叶赫那拉氏在后宫的地位变得非常稳固。

史书以“警敏机智”来形容这位满族女子。初进宫时，叶赫那拉氏只是粗通文墨，但她非常好学，学得也很快，等到“垂帘听政”时，还专门命翰林院为她安排讲历代帝王政治得失的经筵，她听得津津有味。此外，她也颇有才艺，据说会工笔画，还写得一手好字，“书法端腴”。

随着帝国动荡不止，咸丰帝到执政后期开始慢慢厌于政事，有时会命她代笔批答奏章。年轻的懿贵妃从中找到了很大的乐趣，她开始越来越多地插手其中，经常直接在咸丰帝面前议论朝政。

等她后来开始“垂帘听政”，对大臣呈送上来的奏折，会很熟练地用划痕、折角的方式。“这是历来皇帝常用、军机大臣心领神会的另一种语言。如果她当咸丰妃子时期从未阅看过奏章，她是从哪学来的?”茅海建教授推断说。

这是一位精力异常旺盛、野心勃勃同时也是智力过剩的女性，身处幽闭的后宫，偏偏又十分靠近权力之巅，此后半个世纪里所发生的一系列惊天动地的故事，是行走在历史的逻辑之中的。可以这么说，叶赫那拉氏是把命运给她的一副牌，打出了最大的赢面。

到咸丰后期，懿贵妃对政事的热衷已引起了皇帝的某种警觉。这也不新鲜，历代帝王熟读的政治教科书上记载着许多有关

慈禧梳妆照

后宫干政的历史教训。自号“惜阴老人”的李芍农在咸丰朝时曾入值过南书房，他从内廷旧监那里听说一件秘事——据说咸丰帝到后期觉察到叶赫那拉氏的权力欲，心有不满。一日，叶赫那拉氏“忤旨”，令咸丰帝很生气。在和他当时最宠信的权臣肃顺聊天中，他谈及对未来的担忧，肃顺于是提到汉武帝临死前赐死宠妃钩弋夫人的故事。咸丰帝听后于心不忍，此事就不了了之了。

钩弋夫人的故事见载于褚少孙补续的《史记》：汉武帝晚年自太子刘据叛乱后，迟迟不立太子，等他病重，于弥留之际传立年仅 5 岁的幼子刘弗陵为太子。武帝因担心子少母壮，将来避免不了女主干政、淫乱宫闱之事，于是下令赐死太子生母、他的宠妃钩弋夫人。

这个听上去十分残忍血腥的故事，一直被中国历代史官们所正面肯定。在专制的皇权社会里，恐怕没有比威胁皇权更罪大恶极的事了。这位内廷旧监还透露，咸丰帝曾在一次醉酒后吐露了口风，叶赫那拉氏得知后，从此对肃顺埋下了刻骨之恨。这是她在咸丰帝死后发动辛酉政变、清洗肃顺一党的动因之一。

要晋升权力之巅，年轻的懿贵妃已有一个优势——她是咸丰帝唯一皇子的生母。但她的力量还十分弱小，没有父兄在朝中担任要职，没有势力强大的娘家作为奥援，自己也还严重缺乏政治经验。她需要一个强有力的、同时在现实中倍感压抑的政治盟友。

她选中了咸丰帝的六弟——恭亲王奕䜣。

四阿哥和六阿哥

恭亲王奕䜣是道光帝第六子，生母为静贵妃博尔济吉特氏。咸丰帝奕詝（zhǔ）是道光帝第四子，生母为全皇后钮祜禄氏。

钮祜禄氏是道光帝生前册封的第三位皇后，比道光帝小 26 岁，据说长得明媚动人、色艺双全，更有旗人女子身上少有的灵秀之气，因而很受宠爱。道光二十年（1840）正月，美丽的全皇后病逝，留下年仅 9 岁的奕詝。道光帝十分悲痛，此后再也没有册立过皇后。他把奕詝交给六皇子奕䜣的母亲、静贵妃博尔济吉特氏抚育。

两位皇子年龄相近，一同在静贵妃的抚养下长大，又一起在南书房读书，一起习武、骑射，在众皇子中关系最为亲近和亲密。

北京故宫博物院里保存着一幅由宫廷画师绘制的《道光帝行乐图》，让我们得以一窥道光帝和皇子公主们在后宫的生活情景——画面左侧是坐在芳润轩中读书的四皇子和六皇子，一个着浅黄袍，一个着蓝袍。花园空地中，有三个小幼童正追跑放风筝玩，他们分别是七皇子、八皇子、九皇子。画中唯一没有出现的是五皇子奕誴（cóng），当时已被过继。画面右侧亭中的，是形容清瘦的道光帝，他端坐于书几前，身体略略侧右，带着淡淡的笑意注视着众皇子们，眼神略有几分凝重，似乎正在思索着什么。

随着日渐老迈，“立储”成为年逾花甲的道光帝盘绕在心头的最重要问题。他首先淘汰了五皇子奕誴，这位阿哥“秉性粗荒”，书读得也差，在道光帝眼中很不合体统，其生母祥妃也让他感到厌烦。道光二十六年（1846），他干脆下令把奕誴过继给自己的三弟、已故惇恪亲王绵恺做嗣子，让他彻底“出局”。至于七皇子奕譞、八皇子奕詥、九皇子奕譓，当时都只是牙牙学语的幼童，远不到可以肩负社稷重任的年龄。

道光帝的名单上，只剩下四皇子奕詝和六皇子奕䜣。在两位皇子之间，他有过长久的摇摆和犹豫：四皇子奕詝为实际的嫡长子，个性持重，但资质平平；六皇子奕䜣聪慧机敏，天赋极高，是众皇子中最出类拔萃的一个。这样的聪明孩子，又多半被已趋保守的成年人认为有点浮躁和锋芒外露。

在各种比文、比武、比悟性的日常竞争中，六皇子处处“吊打”四皇子。此外，四皇子奕詝还有一个明显的劣势——身体羸弱，还是个跛足。据惇王府这一支的后人透露：奕詝年少时因打猎坠马伤了大腿骨，自此落下了永久性的轻微残疾。

道光帝对聪颖过人的六皇子也时时流露出欣赏和偏爱，史书

《道光帝行乐图》（局部）

中有“恩宠为皇子冠，儿夺嫡子数”之说。据《清史稿》记载，奕伫、奕䜣兄弟俩曾一道习武，奕䜣创制出枪法二十八势、刀法十八势，被道光帝赐名为“棣华协力”“宝锷宣威”，还赏他金桃皮鞘白虹刀一柄。

在这场暗流涌动的争嫡竞争中，南书房的师傅们扮演了十分重要的高参角色。六皇子奕䜣的老师给出的策略是“知无不言，言无不尽”，即以比拼能力和才华取胜。四皇子的老师是杜受田，自奕伫6岁起就担任他的师傅，深知四皇子的智识、才具都“万不敌”这位六皇子。在他授意下，奕伫避开在条陈时政、骑马习武时和兄弟比高下，乃竭力以仁孝之心取悦于父皇。

据《清史稿》载：一日，道光帝领诸皇子校猎南苑，六皇子奕䜣获禽最多，四皇子奕伫未发一矢。道光问之，对曰：“时方春，鸟兽孳育，不忍伤生，以干天和。”道光帝大悦：“此真帝者之言！”立储遂密定。道光帝晚年缠绵病榻，奕伫伏地流涕，痛切异常。“帝大悦，谓皇四子仁孝，储位遂定。”

经过无数个日日夜夜的反复思量与斟酌，年逾花甲的道光帝在二十六年（1846）六月十六日做了最后的决定——这一天，他用朱笔写下了立储御书。

这份立储御书至今完好地保存在中国第一历史档案馆。从资料照片中，我们能清晰地捕捉到道光帝内心的那种纠结与徘徊：御书右起第一行写着“皇六子奕䜣封为亲王”，第二行是“皇四子奕伫立为皇太子”，第三行则是第二行内容的满文。

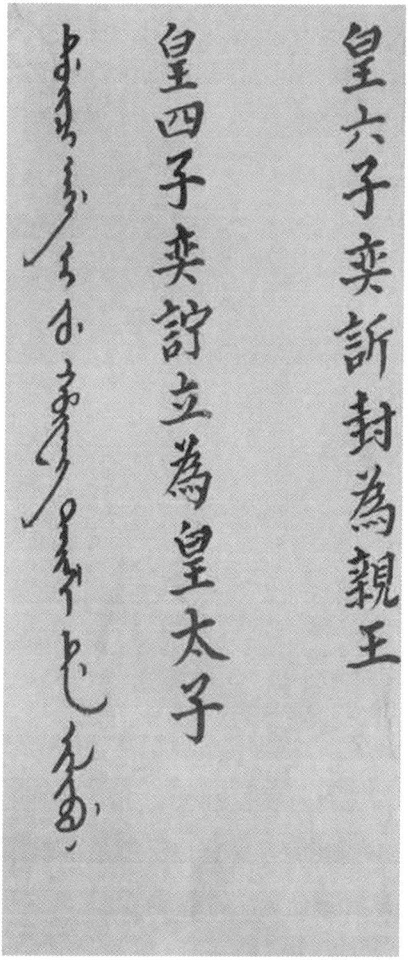
皇六子奕訢封為親王
皇四子奕詝立為皇太子

道光皇帝立储御书

一份立储御书上竟然同时出现了两位皇子的名字！而且先封王、后立储！这是大清历史上闻所未闻之事，也是循规蹈矩的道光帝一生难有之破例事。

最终，道光帝选定四皇子做皇位继承人，但对落败的六皇子，他也给出了最高认可与极重要的安排——按清朝惯例，皇子未有功勋者一般不封“亲王”衔，何况奕䜣当时还只是个十来岁的少年。道光帝封奕䜣为亲王，除了偏爱和补偿之外，很有可能还在他身上寄托了某种不便明言的期待——希望他在未来一朝中发挥重要作用，以其才智协助兄长，一起守好祖宗打下的江山。

写下这份御书后，道光帝不知何故又搁置了整整一个晚上。待到第二日，他才最后在这份御书上签下名字，放进楠木制成的鐍（jué）匣里，并封上自己亲手写的封条。三年零六个月后，道光帝驾崩。临死前，他命人打开鐍匣，并留下一份字迹十分草乱的诏书，叮嘱王公大臣等“同心赞辅”四皇子，“总以国计民生为重”。

事后诸葛地说，这是一个昏庸不智的决定。咸丰帝才具平庸，懦弱无能，即位后面对乱局毫无招架之力，而且在军事决策上胡乱指挥，若不是靠着曾国藩、李鸿章、左宗棠、胡林翼等一大批精明强干的汉族儒臣起来捍卫数千年来的文化道统，通过办地方团练平定“洪杨之乱”，恐怕他早已葬送了祖宗的江山。

而恭亲王奕䜣则是晚清亲贵中最杰出的政治家，其才具、眼

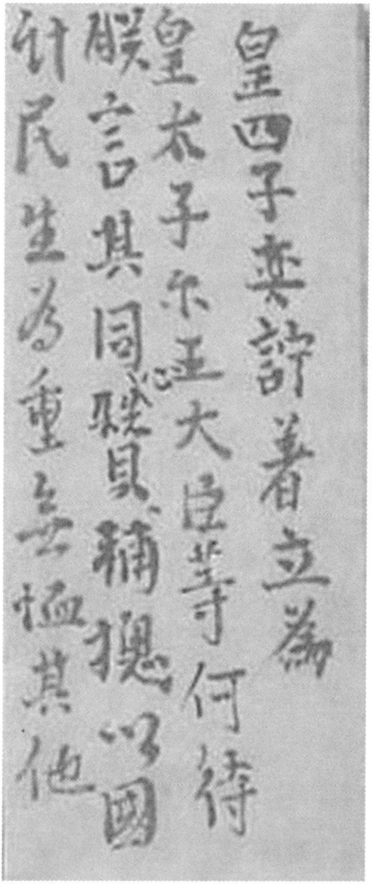
皇四子奕詝著立為
皇太子尔王大臣等何待
朕言其同心贊輔總以國
計民生為重無恤其他

道光辞世前所写诏书

光和魄力为时人所公认，有“贤王”之美誉。他是晚清新式外交的开拓者，在执掌中枢期间，和曾国藩、李鸿章、张之洞等汉大臣联手推行洋务运动，共同开创了“同光中兴”的政治局面。

在清王朝的帝王中，道光帝属守成的类型，能力平庸，但还算勤勉尽职。儿子咸丰帝和他实为同一类型的人。在他所熟悉的“旧世界”里，帝王以“仁孝”为天下表率，循祖宗成法，和群臣一道对细节修修补补，可以成为一个及格线以上的统治者。但自 1840 年第一次鸦片战争起，“天朝”已进入了“三千年未有之变局”，过往“治乱”的政治经验、以仁孝治天下的一整套政治儒学已完全不适用了。

这是他无法逾越的历史局限，站在道光帝的认知世界里，若真要追究责任，那就是他低估了皇位继承人的健康状况给王朝带来的风险——咸丰帝自小身体羸弱，又有残疾，在随后的内外交困中很快就不堪重负，年仅 30 岁就亡故了，留下一个 5 岁独子。大清的江山也因此落入了一个妇人之手长达近半个世纪。道光帝的一干儿孙们都饱受其辖制之苦，其中一个孙子（光绪帝）最终在她手中丧了性命。这是旧世界里的帝王们熟读的政治教科书如《资治通鉴》一再警诫的事。

四皇子奕詝在皇位的竞争中胜出了。但是，这真是一种福气吗？如果在清朝帝王中票选“苦命程度”，大概只有他的侄儿光绪帝可以和他竞争一下冠军。在位十一年零六个月，这位霉运天子几乎没有享受过一天安心太平的日子。持续十四年、席卷十八省的太平天国运动，第二次鸦片战争，英法联军入侵北京、火烧他最爱的圆明园，逃难到热河。心灵的重负最终压倒了他羸弱的身体，咸丰帝年仅 30 岁就“龙驭上宾”。

登基后的最初几年，咸丰帝还是踌躇满志地想成为一个有作为的皇帝，也提防着一切潜在的威胁。因着早年争嫡的经历，他对原本一起长大、关系最亲密的恭亲王猜忌颇深，在政治上开始提防、打压他。

起初，咸丰帝对这位六弟表现得颇为仁爱。即位之初，授奕䜣为十五善射大臣，还把圆明园附近的一处园子赏给他，并亲笔赐名“朗润园”。等奕䜣成年后要离宫分府，他又把京城中数一数二的精美宅园——乾隆年间大学士和珅的府邸赐给了他。

聪明如奕䜣，自然也觉察到了某种微妙。他迅速调整了和四哥的关系，抓住各种机会“颂圣”，与皇兄写诗唱和，极力赞扬皇兄如何如何“明德”，并装出一副自叹不如的样子。这些诗充斥着空洞的奉承，读不出一点真切的情感。

咸丰三年（1853），太平天国北伐军逼近京城。时局危急，咸丰帝开始起用恭亲王，命他署理领侍卫内大臣，办理京城巡防事宜，不久又命他为军机大臣，直接参与政务，这就打破了清代皇子不得干预政务的祖制。

虽然同样年轻，没啥政治经验，年仅 20 岁的恭亲王入值军机处后兢兢业业、表现老成，凭着悟性和天分，也许背后还有老岳父桂良的指点，居然帮助皇兄渡过了难关。咸丰帝对他的表现也很满意，赐给他一副御笔亲书的堂额——“屏翰宣勤”，并授他宗人府宗令、正黄旗满洲都统等职。

兄弟间表面的和睦，不久就被一起追尊事件给撕破了。

咸丰五年（1855），恭亲王的生母、同时也是咸丰的养母皇贵太妃博尔济吉特氏病重。博尔济吉特氏一直有一个心结——道光朝时，她被册封为统摄六宫的皇贵妃，但始终没有得着正宫名分。咸丰帝即位后，对这位养母极为孝顺，每日都去请安，让她实际上享受到皇太后的待遇。但依礼制，没有正宫名分的妃嫔死后不能和先帝合葬，也不能升祔太庙。

奕䜣想为母亲实现这个最后的愿望。一天，他遇到同去探访的咸丰帝，便跪下来为母亲求一个皇太后的封号来“冲喜”。咸丰帝含糊地“哦”了一下，心切的奕䜣立即跑到军机处去传圣旨。礼部据此上奏，请尊博尔济吉特氏为康慈皇太后。

咸丰帝看到奏折后怒不可遏——在清朝，虽有“庶出”的嗣皇帝尊自己生母为皇太后的先例，但绝无尊先皇其他妃嫔为皇太后的定制。而且，咸丰帝此时还没有诞下自己的子嗣，这位曾和自己“争嫡”的皇弟如今却要尊自己生母为皇太后。此种“逾越”，是可忍，孰不可忍！可以想象，少年时两人为竞争父皇欣赏与认可的往事，以及处处落这位六弟下风激起的所有不愉快记忆，一时全部涌上了咸丰帝的心头。

博尔济吉特氏得到皇太后尊号十天后就离世了，这也意味着兄弟俩之间最后一个缓冲屏障也不复存在了。等到咸丰帝扶送养

咸丰皇帝像

母的梓宫到圆明园的绮春园，第二天就颁下了一道朱谕，称恭亲王“于一切礼仪多有疏略之处”，革去军机大臣、宗人府宗令、正黄旗满洲都统等职，并不准他再办理丧仪，发回上书房读书，“俾自知敬慎，勿再蹈愆尤，以副朕成全之至意”。

两个月后，官员们发现博尔济吉特氏的皇太后新尊号中少了一个“成”字，即不系道光帝的谥号，不祔庙。两年后，她的棺材被葬入道光帝慕陵东边的妃园寝，并没有和道光帝一同合葬。作为养子，咸丰帝当日一不护送棺材，二不参加葬礼，等于是把种种不满昭告天下。

追尊事件之后，奕䜣被咸丰帝整整闲置了五年。等他再次被起用，面临的又是一次社稷将倾的大危机。第二次鸦片战争爆发后，咸丰十年（1860）八月，英法联军的炮火逼近北京城，咸丰帝携后宫嫔妃及皇子逃往热河。出逃前，这位表现糟糕的皇帝做出了一个明智的决定——紧急起用恭亲王，命他留下以“钦差便宜行事全权大臣”的身份，负责和洋人议和谈判。

肃顺的崛起

到执政后期，咸丰帝已经彻底焦头烂额了。在位十一年零六个月，这位走了“霉运”的天子几乎没有享受过一天舒心日子。持续十四年、席卷十八省的太平天国运动，第二次鸦片战争，其间还有天地会、捻军等各种名目的地方武装叛乱此起彼伏。

内外交困中，咸丰帝开始越来越倚重他身边的肃顺。肃顺，是“铁帽子王”郑亲王济尔哈朗的八世孙，为人精明强干。善于识人的曾国藩曾把他比作李斯、曹操、董卓、杨素之流，称其“智力横绝一世”。身为不袭王爵的次子，肃顺少年时就常在外游历，和三教九流各色人物都有来往，社会经验丰富。因着担任内廷侍卫官，他有了接近咸丰帝的机会。

肃顺体貌魁伟，声音洪亮，爽直中又带着点江湖气，还很有见识和决断，立刻赢得了咸丰帝的好感。与之相比，一干军机要臣们唯唯诺诺、官僚气十足。清朝沿袭明制，不设丞相之官职，由内阁大学士、军机处大臣承担部分职能。到咸丰八年（1858）以后，揽诸权于一身的肃顺已成为实际的当朝宰相。

咸丰九年（1859），肃顺受咸丰帝之命，参与办理“戊午科场案”和“户部宝钞案”。他拿与案件有牵连的朝中要臣开刀，斩了官场中素有廉名的一品大员柏葰，治罪了一批要员，一时令京城官场人心惶惶。他用严刑峻法整肃吏治，既有“治乱世用重典”的为政目的，也有借此机会铲除异己、张扬个人势力之私意。据史载，柏葰被处死前曾破口大骂肃顺，称“他日必与我一样”。

处理完官场两大要案后，肃顺势力大增，一时位极人臣。仗着皇帝对他的宠幸，他开始大权独揽，动辄否决官职、声望高于他的官员所批阅的公文，并常在公堂上破口大骂对方是酒囊饭袋，连堂堂体仁阁大学士周祖培也只能默默忍受着这种羞辱。

一时间，朝中官员们都活在肃顺制造的恐怖之中，连翁心存这样的军机老臣都不得不告退以求自保，更有一班趋炎附势之徒投靠这位“新贵”门下。肃顺也着意培植自己的政治势力，通过举荐、扶持和资助等方式网罗人才。他为人虽然飞扬跋扈，独对曾国藩、胡林翼、左宗棠等汉族湘军将帅推崇备至，在朝中多次给予援手。在对汉人怀有忌心的咸丰帝面前，他极力主张重用湘军以平定太平天国之乱。

到咸丰十年（1860），朝中大致形成了以肃顺为核心，包括怡亲王载垣、郑亲王端华、穆荫、匡源、杜翰、焦佑瀛、陈学恩、黄宗汉等在内的一股政治势力。他们完全控制了军机处，以及京城内外的官场。

这种谜一般的权力格局，不久就因着第二次鸦片战争的激化、升级而被打破了。

在坐冷板凳的五年里，恭亲王一直关注着朝政、时局，也等待着重回政坛的机会。第二次鸦片战争爆发后，他起初是“强硬派中的强硬派”——多次上呈奏折主张对敌强硬，先是反对咸丰帝派耆英去天津议和，接着反对议和条约中开放长江口岸诸埠的条款，重申以战迫和之议，甚至支持过捕杀外国交涉员巴夏礼的主张，这一主张后来引发英法联军报复性地火烧了圆明园。

西洋枪弹和炮火，彻底击碎了这位年轻王爷对“天朝上国”的狭隘认知。京城陷落后，他作为全权大臣留下负责和英、法谈判。因为对国际惯例一无所知，起初也是以“鸡同鸭讲”的方式和洋人们打交道，谈判一度进行得十分艰难。光为了合约签订中事关皇帝脸面的“亲递国书”一事，他就来来回回在咸丰帝和英、法之间周旋。最终，他代表大清分别与英使、法使签订《中英北京条约》与《中法北京条约》。

一名叫费利斯·比托的英军随军摄影师用相机记录下了这一历史时刻。据在场的英国陆军司令克灵顿回忆：“这位皇帝的兄弟惊恐地抬起头来，脸刷地一下就变得惨白……以为他对面的这门样式怪异的大炮会随时把他的头给轰掉。”英方人员急忙向恭亲王解释这并没有什么恶意，只是给他拍摄肖像照片，他惊恐的表情才平静下来。

在和洋人打交道过程中，这位27岁的青年表现出极高的悟性、好学精神和接受新事物的勇气。他发现这些“性同犬羊”

的“西夷”不同于过去天朝人以为的“蛮夷”，他们居然很讲信义，即今天我们所说的“契约精神”——一旦合约签订，他们真就撤兵了。他开始用全新眼光打量这些令人生畏的“西夷”，逐渐摆脱“天朝”的思维模式，成为满族亲贵中第一个开眼看世界的人。

同年十二月初一，恭亲王给在热河避难的咸丰帝上了一道长达四千余字的奏折——《通筹夷务全局酌拟章程六条》，提出一连串令当时朝廷官员们瞠目结舌的“新思维”，以及六条相关建议——其中包括在北京建立“总理各国事务衙门”；在南北通商口岸分设大臣；在北京设立“同文馆”，遴选青年人入内学习外国语。

这些举措被史学家们认为是吹响了后来“同光新政”的号角。一个月后，清政府成立了由恭亲王为首的总理衙门，并成为同光两朝洋务运动的中央领导机构。因着他对西方的开放姿态，京城里的守旧亲贵官员们暗地里给他取了一个带有贬义的外号——“鬼子六”。

英、法退军后，恭亲王开始着手恢复首都的秩序。他从城外搬回城内，这种带着象征意味的举动一下子就起到稳定人心的作用。逃难的人都回来了，店铺开始开门营业，官员们也都回来“上班”，帝都开始逐渐恢复秩序。

局面安定下来后，恭亲王也从办理和谈的“钦差大臣”，转换身份为督率京内百官的“在京办事王大臣”，个人威望与日俱

恭亲王奕䜣

增。无论他个人的主观愿望如何，在他身边实际形成了一股政治力量，其核心包括他的岳父文华殿大学士桂良，以及奉旨留守京城的军机大臣文祥。等“总理各国事务衙门”成立后，他们又是第一批总理衙门大臣。

此时，一股“倒肃”的私议开始在京城官场里酝酿、生发着。肃顺为政苛烈，为人跋扈，京城官员大多对他既惧又恨，连周培良、翁心存这样的政坛元老都活在他制造的恐怖之中。

此时，大清帝国的中枢已经一分为二：皇帝避难在热河；而帝国的主要行政中枢则在京城。两地相距四五百里，驿马以“六百里加急”的速度往来两地需要四天。京城和热河实际已经形成两股政治势力：在热河，伴驾咸丰帝的是清一色的“肃党”；在京城，则是以恭亲王、桂良、文祥等“在京办事王大臣”为首的政府机构。

在一份家信中，当时正在指挥湘军围攻安庆的曾国藩流露出对这种政治局面的忧心——他说恭亲王之贤，自己“屡见之而熟闻之”，“然其举止轻浮，聪明太露，多谋多改。若驻京太久，圣驾远离，恐日久亦难尽惬人心”。

京城恢复秩序后，恭亲王和京城文武百官不知往热河送了多少道奏折，恳请咸丰帝立即回京，但咸丰帝回銮的日子却一延再延——最初是因为担心英、法要求他“亲递国书”，有辱大清国皇帝的脸面；接着变卦不回，是害怕“驻京公使”会带兵进京；再到后来，他是越来越不想回来了。

总理各国事务衙门

咸丰帝喜欢上了热河行宫的生活。在这里，他可以远离那些让自己心力交瘁、无力招架的国家大事，沉醉于戏文、醇酒和美人之中。自即位以来，他好像没有一天有过舒心日子，他太累、太疲乏了，也十分厌倦了。肃顺也摸准了他的口味，为皇上送来一些柔媚的缠足民女。

早在京城时期，就流传着关于这位青年皇帝的各种艳闻。传说他尤其偏好带有“南风”的小脚汉女。按大清祖制，皇宫里是不允许有汉女的，但圆明园的规矩没有这么严。

据说，一位摸到他癖好的大臣从江南买来数十名妙龄女子，伪装成“打更民妇”送入园中，每夜以三人为一班在皇帝寝宫轮值“打更”，咸丰帝听到梆铃声便召幸之。其中最受宠的，是号称“四春”的四名汉女。

这些传闻在《清实录》里也被隐晦地印证：咸丰五年（1855），有兵部侍郎王茂荫奏请咸丰帝应住在皇宫，不要常去圆明园，结果惹得龙颜大怒，把王交部议处。后又有御史薛鸣皋见圆明园在修理围墙，担心皇上又要去园子里住，便上奏谏止，龙颜又是大怒，命内阁明发上谕，搬出祖制来驳斥，然后也把薛御史降职、交部议处。

但真正消磨咸丰帝回京决心的，是他身边的肃顺。

随着恭亲王议和成功并恢复北京的秩序，肃顺意识到京城已形成了一股对他构成威胁的政治势力。考虑自己之前的所作所为，他也很清楚朝中憎恨他的人有很多。更重要的是，咸丰帝的健康状况已经显露出衰象。这位一度想有所作为的青年天子如今已经完全不管不顾了，每日纵情声色，一到下午就显出精神不济。他开始咳血了，靠喝鹿血来滋补身体。

肃顺很清楚自己之所以能迅速崛起并权倾一时，是因为咸丰帝对他的信任与依赖。一旦皇帝去世，他的地位就岌岌可危。正如茅海建先生所言："在专制时代，受宠等于权力，争宠就是权力斗争之核心。"他必须切断咸丰帝和京城百官，尤其是和恭亲王之间的联系，让皇帝只受自己的影响，进而为未来做好最有利于自己的安排。

皇帝回銮的时间一延再延，热河那边又不断传出他病重的消息，这让恭亲王异常心焦。他奏请去热河请安、面见皇帝，以此打破肃顺的信息封锁。与他同时奏请的，还有军机大臣文祥。谁知等来的上谕却说自己龙体欠安、需要静养，也没什么要紧事和他俩谈的，让他们两个都"不必前来"。

肃顺一面切断咸丰帝和京城的直接联系，一面又在他面前煽风点火——说恭亲王和洋人勾结，正在策划谋权篡位。这本就是咸丰帝压抑多年的心病，现在，只要将这把火拨弄得再旺一些。

这些捣鬼的事自然也传到恭亲王的耳朵里。他干脆直接在呈送到热河的一份奏折里有所指地发了一通议论——说自己留京和谈时，没有人来表达意见，等和谈结束后就开始对他有种种指摘，"虽委曲之隐，固不必求谅于人言，而专擅之讥，则不敢不预防于众口"。

热河政变

在权臣肃顺眼中，恭亲王是自己的头号劲敌。但他没意识到自己还有一个隐藏着的敌人——咸丰帝身边的懿贵妃叶赫那拉氏。

据说，懿贵妃和肃顺之间的“梁子”最初是在热河逃难途中结下的。在逃亡途中，肃顺对懿贵妃颇为怠慢，分给她一辆十分破旧的车子，给的骡子也很羸弱，一路颠得她很是辛苦。途中，她几次要求给换一辆车，遭到肃顺很不客气地拒绝甚至斥责。

此外，一路上，肃顺把皇帝食宿安排得很周全，自己也是有酒有肉，而皇后、嫔妃们仅以豆浆充饥，这让后宫对他有了不满情绪。

在热河行宫，物资供应依然困难。肃顺等人竭力进奉咸丰帝，而对宫眷们则克扣伙食。皇后每餐仅一汤一饭一菜而已，而贵妃以下月给膳钱只有五千，这在热河几乎买不到什么像样的食物。

在肃顺看来，皇帝才是他首要竭力迎合讨好的，以此确保他“一人之下，万人之上”的地位。至于这些后宫妃嫔，他根本就没放在心上。

在热河行宫里，皇帝对肃顺越发言听计从。而肃顺的种种张狂行状，也让皇后和懿贵妃越来越不满。等后来有关钩弋夫人的进言传到懿贵妃的耳朵里，对她而言，她和肃顺就是你死我活的敌人了。

为了避开肃顺的耳目，懿贵妃和皇后常常躲到宫中巨缸后面商量谋划。在这些密谋里，叶赫那拉氏是真正的主导者。皇后钮祜禄氏，即后来的东太后慈安，是传统礼教中“后妃之德”的典范，她对肃顺抱有恶感，但顶多也就以皇后身份规劝咸丰帝保养身体减少逸乐、尽早回銮京城。皇帝若不听，她做不了什么，也不知道该做什么。

咸丰十一年（1861）六月，刚庆祝完30岁寿辰的咸丰帝病情突然加重，卧床了十多天后，又恢复日日看戏的享乐生活。到七月十六日这一天午后，他忽然昏厥，直到晚间才苏醒过来。

当晚11点40分左右，咸丰帝宣召大臣入内，有怡亲王载垣、郑亲王端华，御前大臣肃顺，额驸景寿，军机大臣穆荫、匡源、杜翰、焦佑瀛八人。他留下最后一口气宣谕：其一是立皇长子载淳为皇太子；其二是极为关键、势将引发一场血雨腥风的内容——“着派”在场八位大臣“尽心辅弼，赞襄一切政务”。

据当时在热河入直的某汉军机章京写给北京同僚的一封密

信，这位现场目击者称：咸丰帝弥留之际口谕表达非常清楚，八位大臣于是跪请皇帝用朱笔亲写谕旨，但此时咸丰帝已无力执笔，于是下令让承受顾命的王大臣们“写来述旨”。到第二日清晨卯时，这位霉运天子最终断了气。

在这份遗嘱里，咸丰帝把与他关系最亲近、新近又为社稷立下大功的恭亲王奕䜣完全排除在了“顾命大臣”之外。

当人在京城的恭亲王读到这份遗旨时，心头定是百味杂陈——有失落和委屈，好像他无论怎么劳心劳力，都无法消除，甚至更加助长皇兄对他的猜忌。他有不甘，以自己的功劳、才具、血统和声望，理应在新一朝中占据重要位置。此外，他也很担心，自己如果什么都不做，很可能会遭到“肃老六”一伙的打压和清洗。

此时，一个名叫曹毓英的肃党成员向他悄悄递上了“投名状”。他原本是肃顺的心腹，后因肃顺转而重用他人，引起了曹的不满，他转而效忠奕䜣。这使得恭亲王得以掌握热河行宫内部的动向。

此时的热河行宫，后宫和“肃党”之间的矛盾已成白热化。

按咸丰临终的遗命，在小皇帝成年亲政之前，朝中政务由八位“赞襄政务大臣”主持，包括代阅奏折、代拟圣旨等。同时，为了防止大臣专擅，咸丰又给皇后、小皇子各一方印章，分别为“御赏”和“同道堂”，“同道堂”印由皇子生母懿贵妃代为持有。

凡“赞襄政务大臣”所拟圣旨，须由皇后盖“御赏”在起首，皇子盖“同道堂”在末尾方能生效。这一制度设计，是为了让后宫和顾命大臣之间彼此制衡、避免大权旁落。七月，同治帝即位，慈禧与慈安并尊为皇太后。

1861 年 8 月 24 日这一天，两宫皇太后和顾命八大臣发生了第一次正面冲突。在叶赫那拉氏的鼓动下，皇后钮祜禄氏态度坚决地提出阅看奏折的要求，虽然她确实看不太懂，此后二十年“两宫垂帘”中也一直有阅读障碍。

肃顺最后做了让步——看就看呗，反正你们也看不懂。在他眼里，她们只不过是两个没什么见识的深宫妇人。被他视作对手的，是此时在京城执掌中枢、威望日隆的恭亲王。

但肃顺手中握着两张“王牌”：其一是咸丰帝一纸托孤的上谕，其二则是行宫里的小皇帝。他动作很快，立刻以小皇帝的名义下了一道圣旨——明令恭亲王奕䜣留在北京“恭理丧仪”，“不必前往热河”。这是要把小皇帝完完全全置于自己的掌控之中。

收到这份圣旨，恭亲王一筹莫展。这分明是肃顺在捣鬼，但如果自己执意要去热河，那就是“抗旨”。此时，一位突然到访的热河密使（有私家记载说是慈禧的心腹太监安德海）让事情有了转机，对方带来皇后和懿贵妃的书信：嘱咐他务必赶赴热河共商大计。

接到热河密信后，恭亲王立刻上奏，再三请求到热河奔丧。8 月 30 日，他终于收到了获准的圣谕。在离京之前，他做了一次摸底——确信自己获得了京城文武百官的支持，尤其是手握重兵的胜保和僧格林沁。

9 月 5 日，恭亲王到达热河行宫后，一头扑向咸丰帝的棺材号啕大哭，并对八位顾命大臣表现得极为谦恭有礼。等行完礼后，两宫皇太后传来懿旨，召六皇叔入内相见。他于是恭请载垣、端华、肃顺三位陪他一起入内。

见堂堂皇叔如此恭顺，这让原本处于一级战备状态的肃顺有些措手不及。到这个分上，他觉得也不好意思阻挠了，就说："老六，你与两宫是叔嫂，何必让我辈陪同呢？"于是允许他单独入见。

这场单独会面持续了一个多时辰，两宫皇太后和恭亲王结成了政治联盟，定下了如何对付肃党的大计。恭亲王请求太后们务必携小皇帝尽快回銮京师，等摆脱控制后再除"肃党"。9 月 10 日，奕䜣再次拜见两宫。第二天，他就赶紧起身，星夜兼程地赶回北京。

与此同时，京城的文武百官也开始行动了。在体仁阁大学士周祖培的授意下，御史董元醇于9 月 9 日上了一道折子，请皇太后"垂帘听政"，并简请一二亲王、贤王辅政，这其实是要全面推翻咸丰帝立下的临终遗嘱。

9 月 13 日，这份奏折送达热河行宫后，被两宫皇太后留中不发。15 日，顾命八大臣面见两宫皇太后，双方就此展开激烈争吵，八大臣"哓哓置辩，已无人臣礼"，其中载垣还说了一句后来成为他罪状之一的话——“臣等系赞襄幼主，不能听命于皇太后，请皇太后看折亦为多事”。

据《越缦堂日记》记载：肃顺等人当堂恣意咆哮，“声震殿陛，天子惊怖，至于涕泣，遗溺后衣”——小皇帝被吓得大哭，尿了皇后一身湿。肃顺一党遂以集体罢工为要挟，最后占了上风。到16日中午，两宫被迫让步，下发了董折和八大臣拟订的驳斥董折的“上谕”，称“我朝向无皇太后垂帘听政之礼”。据《热河密札》透露，两位寡妇事后在后宫抱头痛哭，而八大臣则“弹冠相庆”。

之后一个月，后妃们低调地开始做回京的准备，而恭亲王则在北京布置好一切。此时，京城的舆情也在发生变化——越来越多憎恶肃顺的官员们认定：让两宫皇太后“垂帘听政”，是眼下扳倒“肃党”唯一可行的办法。

也许是大意了，肃顺获得初步胜利后，接连犯了两个错误：

首先，他丢掉了御林军的控制权。当时，郑亲王端华统领着御林军。两宫皇太后在召见顾命大臣时，提出端华兼职太多，端华说自己只做“行在”步军统领，叶赫那拉氏说那就命醇郡王做步军统领。这样，奕譞就掌握了京师卫戍的军权。奕譞是咸丰帝的七弟，也是慈禧太后的亲妹夫。不久，他又兼管善捕营。

肃顺犯下的第二个错误，是让小皇帝脱离了自己的掌控。10月23日，咸丰梓宫由热河行宫起驾返回北京。两宫太后携幼帝陪了灵驾一天，然后就以皇帝幼龄、她俩为年轻妇道人家为借口，要从间道回京。肃顺竟然同意了，让载垣、端华跟随，自己则护送咸丰帝的灵柩走大路。

因为下雨道路泥泞，两宫和幼帝这一路人马比灵驾提前四天到京。11 月 1 日，两宫皇太后抵京，恭亲王出门迎接。2 日，两宫召见奕䜣、桂良、周祖培等大臣，然后下达圣谕：将载垣、端华、肃顺三人革职治罪。随后，奕䜣手持诏书，把晚一步进殿的载垣、端华拿下。当晚，醇郡王奕譞、睿亲王仁寿带兵赶到密云行馆，把肃顺从床上抓了起来，因其“咆哮不服，械系”。

恭亲王和两宫皇太后随之给顾命八大臣颁布了一连串事先已拟好的“罪名”，其中最重要的有两条：其一，是把英法联军入侵北京、圆明园被焚掠、皇都百姓受惊、咸丰皇帝出巡的政治责任全部扣到载垣等人的头上；其二，是把咸丰帝临死嘱咐八大臣“赞襄政务”的遗旨，说成是他们凭空“造作”的矫诏。

客观地说，这两条都是欲加之罪。其实这是清廷高层的一场权力争夺战，以叶赫那拉氏和恭亲王为核心的政治联盟，险中求胜，击败了以肃顺为首的“顾命大臣”集团。

肃党一系全部被清洗和严惩：为首的载垣、端华被赐在宗人府自缢，肃顺被处以“斩立决”；余下五人被褫（chǐ）职，其中有的被流放。6 日，肃顺在菜市口问斩，据记载，场面极为惨烈，肃顺肆口大骂，“其悖逆之声，皆为人臣子者所不忍闻。又不肯跪，刽子手以大铁柄敲之，乃跪下，盖两胫已折矣。遂斩之”。这就是晚清史上著名的“辛酉政变”。是年，叶赫那拉氏

26岁，恭亲王30岁。

当年十月初九，小皇帝载淳在太和殿登基，废原八大臣所拟的“祺祥”年号，定于次年改元为“同治”。十一月一日，两宫皇太后于养心殿垂帘听政。小皇帝御座后设一黄幔，皇太后们并坐其后。恭亲王奕䜣立于左，醇郡王奕譞立于右。引见大臣时，吏部堂官递绿头笺，恭亲王接后，呈放在御案上。

自此，大清王朝开启“两宫垂帘，亲王议政”的政治新格局。

功劳最大的恭亲王奕䜣成为赢家之一，加封为“议政王”，领班军机处，同时又是“总理各国事务衙门”王大臣，身兼宗人府宗令和总管内务府大臣等，总揽清朝内政、外交、军事、宗族事务于一身，权势赫赫。此外，他还被赐“王爵世袭，食亲王双俸，并免召对叩拜、奏事书名”。奕䜣坚辞王爵世袭，在太后们再三坚授下才接受。

为了巩固和恭亲王的同盟关系，慈禧还施展出女性独有的情感笼络手段，她把奕䜣的嫡长女接进宫中抚养，并正式册封其为“固伦公主”。按清制，只有皇帝的嫡女才能享有这一封号。

数月后，恭亲王还收到了于他有着特殊意义的一份厚礼。

同治元年（1862）四月初八，两宫皇太后以小皇帝名义下发诏书，为恭亲王的生母孝静皇后加谥“懿昭端惠”，系道光帝谥号“成”字。九月初二，孝静成皇后神位被升祔太庙。时隔七年后，六皇子奕䜣终于为母亲争得了“正宫”的名分和礼遇。

破产的“同治”

光绪帝堂兄载淳的年号“同治”可做四种诠释：一是两宫皇太后“同治”；二是两宫与宗室亲贵“同治”；三是两宫与小皇帝载淳“同治”；四是两宫、载淳与亲贵三方“同治”。

如果再仔细琢磨：一来东太后慈安没有欲望和能力与西太后慈禧“同治”，所谓“垂帘听政”，实则基本由慈禧的意志主导；二来小皇帝载淳年幼，也没有能力和母后“同治”。因此，真正有实质性内容的“同治”，就是两宫与宗室亲贵之间的“同治”。所谓的“亲贵”，即指功劳、能力、威望最为卓著的恭亲王奕䜣。

在长达二十多年的政治合作中，叶赫那拉氏和恭亲王奕䜣之间充满着紧张，像是两个一直在掰手腕较劲的老对手。可以说，恭亲王是晚清唯一有资格与慈禧太后分庭抗礼的朝堂重臣。

在一些以慈禧为主角的影视剧里，编剧为这两位政治盟友编织出一段不伦“虐恋”。两人年龄相近，一个是早早孀居的寡妇，一位是英姿勃发的亲王，各自都是“人中龙凤”、聪明绝顶的人物，若在常年的日常召对中有过情愫抑或是互相吸引，也是历史情境下的一种合理想象。在德龄的记录里，慈禧晚年追忆往事，对懦弱无能又好色的丈夫咸丰帝，曾不加掩饰地流露出某种鄙视和愤怒。相较之下，这位遭咸丰帝嫉妒、打压的六皇叔在方方面面都压倒性地胜出了。

最初三年，是叶赫那拉氏和恭亲王政治合作的“蜜月期”。此时，恭亲王刚迈入而立之年，原本天资过人，又有了多次处理重大社稷危机的历练，处理内政、外交越发游刃有余。在疆吏督抚中，又有和他持同样政见的曾国藩、李鸿章、左宗棠等一批能力出色、具备实干精神的“中兴之臣”，上下同心一起推动“自强求富”的洋务运动。

尽管早年在“争嫡”中错失帝位，这种“同治”的权力格局和实际的“政坛二号人物”地位，也满足了奕䜣施展其政治抱负与才能的愿望。在“垂帘听政”初期，叶赫那拉氏的见识、政治经验也还远不足以应付朝政，她迫切需要一位有才干和威望的盟友辅政，所以也竭力笼络这位六皇叔。

同治三年（1864），湘军攻克“天京”，历时十数年的“太平天国”运动走到了穷途末路。两宫皇太后以同治帝的名义下发了一道谕旨，称恭亲王自授议政王，已有三年，“东南兵事方殷，用人行政，征兵筹饷，深资赞画，弼亮忠勤”，加封他的儿子载澂为贝勒，载濬为不入八分辅国公，载滢为不入八分镇国公。

这位机敏慧黠又野心勃勃的年轻太后学习能力很强，学得也极快。她的权力欲膨胀速度之快，远远超过了恭亲王以及东太后慈安所能预想的程度。

同治元年（1862），同治帝开始在南书房读书。张之万、许彭寿等受命为小皇帝编纂了一部启蒙读物《治平宝鉴》，该书总结了自汉初至明末历朝历代君主、太后治理国家的事迹，相当于《资治通鉴》的通俗读本。小皇帝对读书不感兴趣，慈禧太后自己却读得津津有味。到后来，她干脆下令南书房的大臣专门给她轮流上课，“着瑞常、宝鋆、载龄、李棠阶、单懋谦、徐桐，每日轮派一人，由议政王带领进讲”。

清代帝王的早朝，宫里称之为“叫起”。“垂帘听政”以来，每天清晨3点到5点，慈禧太后必然“叫起”，准时到养心殿“听政”，四十多年如一日，不管冬天夏天、刮风下雨，就是身体不适也不允许自己“旷工”。这种认真和好强，也让人不得不心生佩服。

叶赫那拉氏的见识和权术迅速地增长。随着根基渐稳，她越来越不满足于这种“两宫垂帘，亲王议政”的局面。同治四年（1865），一起言官弹劾事件让刚满30岁的叶赫那拉氏小试身手，“修理”了一把恭亲王。

这一年年初，河北、河南、山东等地出现打雷、下冰雹的天灾。一个名叫蔡寿祺的“起居注”编修官对此做起了文章。他上了一道3000多字的奏折，一口气弹劾了云贵总督劳崇光、四川总督骆秉章、两江总督曾国藩、陕西巡抚刘蓉、总理衙门通商大臣薛焕等朝廷重臣，其中也暗指了一把恭亲王，说他严重失职。

慈禧太后收到这封奏折，留中不发。这让蔡寿祺嗅出了一丝机会，几天后他又上了第二道奏折，直接指控恭亲王“贪墨”“骄盈”“揽权”“徇私”等罪状，说：“臣愚以为议政王若于此时引为己过，归政朝廷，退居藩邸，请别择懿亲议政，多任老成，参赞密勿，方可保全名位，永荷天庥。”意思是让恭亲王赶紧还政于朝廷，退居二线，才能保全自己的名位，不辜负天子的眷顾之恩。

拿到这份弹劾书的第二天，慈禧召见倭仁、周祖培、瑞常等八位大学士，命他们追查恭亲王。八大臣传蔡寿祺追问详情，蔡这回老实交代自己并无实据，但称风闻。因为查来查去没有实据，八大臣上疏说蔡某“所参无实据，惟恭亲王致招物议，请裁减差使”。

这一回，慈禧太后亲自操刀，以同治帝的名义手写了一份上谕，然后命倭仁、周祖培等大臣修正、润饰，因“诏旨中多有别字及辞句不通者”，然后绕开由恭亲王领班的军机处，直接下旨，令恭亲王“革去一切差使，不准干预公事”。

慈禧的手稿原文如下：“朕奉两宫皇太后懿旨：本月初五日据蔡寿祺奏，恭亲王办事徇情、贪墨、骄盈、揽权，多招物议，种种情形等弊。嗣（似）此重（劣）情，何以能办公事？查办虽无实据，是（事）出有因，究属暧昧知（之）事，难以悬揣。

恭亲王从议政以来，妄自尊大，诸多狂敖（傲），以（倚）仗爵高权重，目无君上，看（视）朕冲龄，诸多挟致（制），往往谙（暗）始（使）离间，不可细问。每日召见，趾高气扬，言语之间，许多取巧，满口胡谈乱道，嗣（似）此情形，以后何以能办国事？若不即（及）早宣示，朕归（亲）政之时，何以能用人行正（政）？嗣（似）此重大情形，姑免深究，方知朕宽大之恩。恭亲王着毋庸在军机处议政，革去一切差使，不准干预公事，方是朕保全之至意。特谕。”

这份两百多字的手稿共有错别字15个（含重），勉强算得上文理通顺，字里行间充溢着对恭亲王的种种指责与不满。有意思的是，连慈禧本人也承认蔡氏所弹劾的徇情、贪墨、骄盈、揽权等罪名并无真凭实据。真正让她对恭亲王不满的，是他的“妄自尊大”“目无君上”。这些“妄自尊大”的罪名落实到具体的日常细节——就是在每次召见中，当太后就朝政、奏折多问恭亲王几句时，他的态度比较敷衍。

正如惇亲王奕誴于三月八日为恭亲王求情所上奏疏中讲的，恭亲王是因“言语获咎”，并无真正“昭著劣迹”，如果就这样把恭亲王罢免的话，“恐失中外之望”。

恭亲王突然遭罢免后，王公大臣们一片骇然。除惇亲王外，醇亲王奕𫍽、通政使王拯、御史孙翼谋、内阁学士殷兆镛、左副都御史潘祖荫、内阁侍读学士王维珍、给事中广诚等纷纷上奏，恳请皇太后看在恭亲王对朝廷的苦劳和忠心上，继续留用他。

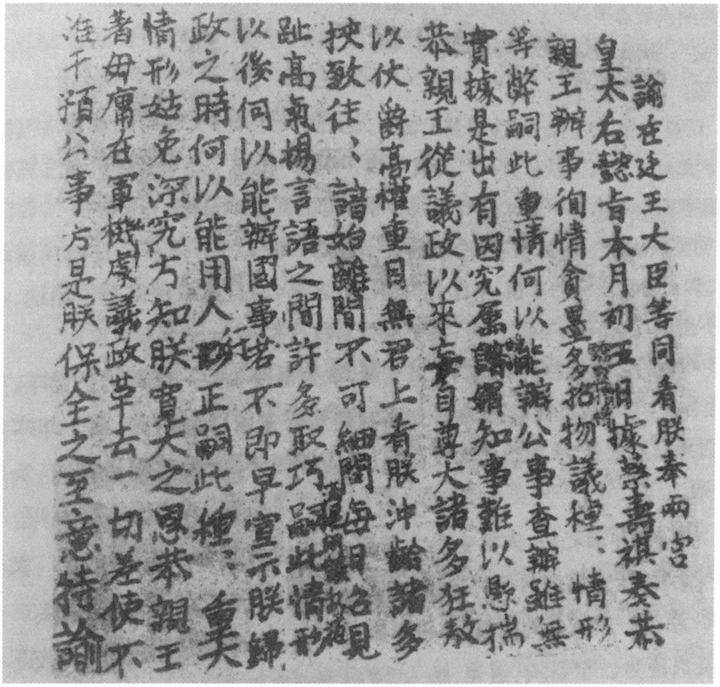

諭在廷王大臣等同看朕奉兩宮
皇太后懿旨本月初五日據蔡壽祺奏恭
親王辦事徇情貪墨驕盈攬權多招物議種種情形
等弊嗣此重情何以能辦公事查辦雖無
實據是出有因究屬曖昧知事難以懸揣
恭親王從議政以來妄自尊大諸多狂敖
以仗爵高權重目無君上看朕沖齡諸多
挾致往往諳始離間不可細問每日召見
趾高氣揚言語之間許多取巧滿是胡談亂道嗣此情形
以後何以能辦國事若不即早宣示朕歸
政之時何以能用人行政正嗣此種種重大
情形姑免深究方知朕寬大之恩恭親王
著毋庸在軍機處議政革去一切差使不
准干預公事方是朕保全之至意特諭

革职恭亲王奕䜣谕旨手迹

面对朝臣们的奏请，叶赫那拉氏用了两面手段。同一日，她先召见了倭仁、周祖培、瑞常等大臣，向他们表明了必须罢免恭亲王的坚决态度。接着，她又召见军机大臣，暗示可以复用恭亲王。

在随后的内阁会议上，两拨各自领会“圣意”的人当场就争了起来。他们于是请同时在场的钟郡王奕詥作证，这位八皇叔的回答是“固皆闻之”。群臣们顿时傻了眼，只好草草散会，定十四日再议。

到十四日，先由跟恭亲王政见不合的倭仁这一班拟稿，仍主张革职，众人默然。接着肃亲王华丰也出一疏，主张“宜加录用”，但是“如何加恩之处，出自圣裁”。肃亲王的意见得到了大多在场大臣的认同。于是，倭仁再次修改前稿。几次三番，两队人马达成了一致的意见，向太后呈上了有关对恭亲王的处理建议。

一向自负其才、心高气傲的恭亲王此时已完全没有了脾气。他入廷谢恩，跪在太后面前，“伏地痛哭，无以自容”。看到恭亲王被收拾得如此服服帖帖，慈禧又来一记安抚，下谕旨说恭亲王本是皇上和太后们的“亲信重臣”，彼此“相关休戚”，所以“期望既厚，责备不得不严”，仍命他在军机大臣上行走。

经此一役，慈禧太后小试锋芒，褫夺了奕䜣的“议政王”封号，使之权力、地位下降。至于被慈禧当枪使的蔡寿祺，也没有迎来他所预想的荣华富贵。他过往在四川时把持招摇、私刻木印调勇招匪的劣迹都被抖搂出来，被“即行革职，勒令回籍”。他之后滞留京城，在穷困潦倒中度过了后半生。

在恭亲王辅政的二十年间，因着他的功勋和特殊的身份，兼有另一位正宫皇嫂——东太后慈安的支持，他是朝中唯一能跟慈禧太后抗衡的力量。慈禧的权力欲和享乐欲每每受到恭亲王的压制。到后期，两人的矛盾已越来越深。在慈禧的心中，执掌军机处、总理衙门的恭亲王越来越像是一个“尾大不掉”的存在。

同治八年（1869），慈禧太后的心腹太监安德海到江南采办服饰，他自称有太后“密遣”，一路上大肆招摇，招权纳贿。进入山东境内时，他被巡抚丁宝桢擒获，以“宦竖私出，非制。且大臣未闻有命，必诈无疑”为由正法，上奏后得到恭亲王的支持。据私家记载，慈禧找东太后慈安哭诉，并怒气冲冲地说“恭王将谋我之命，凡我近侍，皆所不容”。最终，她咽下了这口气，但对此一直耿耿于怀。

同治十三年（1874），慈禧授意同治帝修缮圆明园以供其居住。当时，同治帝刚刚亲政，也想趁此机会让太后离宫居住以摆脱其控制。虽然财政紧缺，圆明园的修复耗资甚巨，但同治帝坚持开工。当年七月十八日，奕䜣等多位重臣劝谏同治帝不要修治圆明园，同治帝大怒，当面斥责这位皇叔：“此位让尔，何如?”二十九日，他再力谏，少皇帝一发脾气，发朱谕革去其亲王世袭罔替，降为郡王，仍在军机大臣上行走，次日发布。在慈禧的出面干预下，又赏还亲王世袭罔替。从那以后，恭亲王越来越谨慎，不再轻易谏言。

等到光绪七年（1881），唯一能从宗法礼制上牵制慈禧的东太后慈安去世，恭亲王的处境更加孤立。之前，慈禧已通过“掺沙子”的办法，在恭亲王的军机班底里陆续安插“清流党”李鸿藻、翁同龢以掣肘之。

光绪十年（1884）三月十三日，正值中法战争，左庶子盛昱上折弹劾朝臣。他本意是弹劾侍讲学士张佩纶、协办大学士李鸿藻“滥保匪人”，然后顺带敲打一下恭亲王、宝鋆领衔的军机处。

慈禧太后立刻抓住了这一可大做文章的机会。暗地里和醇亲王奕𫍽达成同盟后，她突然发布懿旨，以“委靡因循”的罪名，开去恭亲王一切差使，把以他为首的全部班底逐出军机处和总理衙门，并撤掉亲王双俸，命恭亲王“家居养疾”，史称“甲申易枢”，令朝堂一片哗然。这是自雍正帝设立军机处以来从未有之事，也是慈禧太后一生发动的第二次宫廷政变。

罢免掉恭亲王的全班人马后，她任命礼亲王世铎主持军机处，庆郡王奕劻主持总理衙门，并命他们遇有重大事件，先与光绪帝的生父、醇亲王奕𫍽“商办”。

这三位王公的政治才能远不如奕䜣，所以时人把这次中枢机构的大换班比喻为：“易中枢以驽马，代芦服以柴胡”，以讽刺这些新进王公的庸懦。新军机处的组成人员，在识见、威望、能力和人品上，与原军机处成员相比也相差甚远。他们是一些不谙国际事务、不懂国内政情的官僚，唯一的特点是对慈禧太后唯命是从。

“甲申易枢”后，慈禧太后的权力进一步扩大，完全把控了朝政，也让“同光中兴”之路充满了变数。此后十年，恭亲王“奉旨养疾”，闭门不出，在王府后花园吟读诗词。在晚清政坛的几番大起大落，彻底挫掉了这位皇室亲贵中最杰出政治家的锐气，再加上个人家庭生活的不幸，他到晚年越发消沉。光绪十七年（1891），有摄影师拍下他六十岁大寿时的照片——面容苍老悲苦，眼神空洞，再也看不到当年那位英气勃勃、足智多谋的六皇子的神采了。

光绪二十年（1894），日本入侵朝鲜，中日甲午战争爆发，情势告急。翁同龢、李鸿藻再三奏请起用恭亲王，慈禧太后和光绪帝起初均态度坚决地拒绝，因局势危急、朝中实在无人，于是迅速转变态度。

据曾任军机章京的许宝衡所作札记，翁、李提议的第二日，礼亲王世铎与孙毓汶、李鸿藻、徐用仪等领命到恭王府登门拜访。恭亲王“辞以病，拒不见”。礼亲王等人没有办法，于次日奏闻太后。慈禧于是遣心腹太监李莲英前往王府问疾，“王不能拒”。

在恭王府，李莲英先传太后听闻恭亲王生病，颇为关切，并述平时殷念之意，又问及恭亲王的饮食起居，琐屑备至。言次渐及时局之艰难与两宫之忧劳，又言及枢廷辅佐之无能，远不如“甲

恭亲王六十寿辰照

申”以前，“王大为感动”。然后，李莲英又讲起皇帝和太后待见之殷。“王遂谓：‘吾明日当挟病入觐。’莲英即叩头谢曰：‘王爷如此，实为国家之福！’即当归奏以慰慈意。于是次日入见，遂奉枢直之旨。”

九月初一，慈禧太后召见了被她革去一切职务、在家赋闲十年的恭亲王奕䜣，然后立刻发布懿旨，命其重掌总理各国事务衙门，并添派总理海军事务，会同办理军务，又谕着在内廷行走，十一月初八补授军机大臣。当时，恭亲王大病初愈，慈禧又下谕命他无须入值。

此后三年，再掌中枢的恭亲王面对清廷突然加剧的内外危机，已难有作为。光绪二十四年（1898），“戊戌变法”前夕，恭亲王病情加重，不久离世。清廷赐谥号“忠”，加恩进贤良祠，并配享太庙。

《清史稿》对这位一生伴驾大清王朝的名王重臣予以极高评价，所谓“绸缪宫府，定乱绥疆，罢不生怼，用不辞劳，有纯臣之度焉”。“绸缪宫府，定乱绥疆”是指他的功勋，“罢不生怼”则是指对最高统治者的猜忌、打压不怀怨念，一旦朝廷需要，被召唤、起用后则不辞劳苦、尽心尽责，这就是所谓忠纯笃实之臣的胸怀啊。

21 世纪初有一部以恭亲王奕䜣为题材的电视剧，由拍过《围城》《画魂》等作品的著名导演黄蜀芹执导，实力派演员陈宝国出演恭亲王，内有大量戏说成分，譬如虚构出他和慈禧太后、肃顺之女的情感纠葛。但是，剧名相当传神，抓住了恭亲王一生悲剧的缘由——《一生为奴》。

按清王朝规定，汉族大臣在皇帝面前称“臣”，而满族大臣和入了旗的汉大臣一律自称“奴才”。当翻阅晚清公文档案里的奏折、条陈时，人们常常会有这样的发现——即使贵为王公、位极人臣，在皇帝、太后面前也依然不得不手书“奴才”二字。

一种历史猜想是，如果当年道光帝选择了六阿哥奕䜣做皇太子呢？抑或慈禧太后能以大局为重，真正信任和放手让以恭亲王为首的开明派来执行“强国”路线，而不是为了谋求个人权力的最大化，老迈的清帝国能否因此得以“延命”甚至“改运”呢？

同样的“如果”，我们也可以放在“晚清第一重臣”、洋务派首领李鸿章的身上。甲午战败后，李鸿章失势，出访欧洲。他在德国会见了已退休的“铁血宰相”俾斯麦。两人有过一场意味深长的对话，将之译为白话大意如下：

李鸿章：我想为国尽力，但是朝中每天都给我制造困难，该怎么办？

俾斯麦：只要取得皇帝的支持，就有专权，事情就好办了。

李鸿章：如果皇帝一直受他人影响，接受他人的意见，那我怎么办？

俾斯麦（思索良久）：在我当首相的时候，也常遇到这种情况，有的时候来自女人方面……

李默然不语。

不仅是功高震主，并因着血统对皇权天然构成威胁的恭亲王，包括曾国藩、李鸿章、左宗棠、张之洞、袁世凯在内的一干晚清重臣，都领教过于这位深宫妇人的驭人之术。曾国藩的孙女婿吴永曾说过："昔人谓曾、李两公，当时威权盖世，一见太后，皆不免震慑失次。"

慈禧太后召见大臣时，常会做温语款款状，先详细询问对方家中日常生活，譬如妻妾可贤、儿女可愿意读书上进；对于老臣，则会叮嘱日常饮食起居。然后，忽然词锋突变。堪称"乱世枭雄"的袁世凯曾说："余在万军之中，心极坦然，独朝见皇太后时，不知汗从何处来，而如此之心怯也。"

慈禧的惯用手段之一，是用朝中一派牵制另一派，当感觉一派势力有"坐大"的威胁时，她会借助另一派来打压、制衡。当她重用洋务派时，则用清流党来制衡洋务派；在重臣大吏中，她深知翁同龢、刘坤一与李鸿章不和，遂借助翁、刘来削弱李的势力。

如此，慈禧太后确保了大清的最高权力始终把握在自己的手里，却也让"同光中兴"之路充满变数与坎坷。

曾参与"百日维新"的王照曾如此评价慈禧——"但知权

利，决无政见”。意指她并非人们心目中的“顽固守旧派”，而是政治上的实用主义者，她真正关心的是个人的权力与利益。

对任何可能危及她的地位和权力的人，她一定斩草除根、痛下毒手，绝无半点“妇人之仁”——对肃顺、端华、载垣如此，对二十年的盟友恭亲王奕䜣如此，对长大成人、有了自己主张的光绪帝也是如此。

第三章　少年天子

“统嗣”风波

同治帝崩亡后，对于两宫皇太后立醇亲王奕譞之子载湉为帝，朝野一直有异议。

清朝定鼎后，尊奉儒家为正统。按宗法制度，宗祧继承的原则是“有子立嫡，无子立嗣”，皇帝无子时，以人为方式弥补自然血脉的缺憾以获得继承人，以续承宗庙世系。而帝嗣的选立，不仅攸关皇脉延续，更与国家命运关系重大。照这一原则，当皇帝驾崩后无子时，应从宗亲近支的下一辈中挑选继承人入继大统，是为替先帝“立嗣”。

当时，在嘉庆、道光这一脉的两系八支里，“溥”字辈只有隐志郡王这支的载治之子溥伦。但是，载治在血缘上实为宗室远支，他是乾隆之子永瑆之重孙。咸丰帝当朝时，因其兄隐志郡王死后绝嗣，遂命载治过继袭贝勒爵。此外，溥伦当时还只是三个多月大的襁褓婴儿。在医疗水准低下、新生儿死亡率高的 19 世纪，这确实不是一个合适的选择。

据晚清名士罗惇曧所著的《德宗承统私记》，在那场会商新帝人选的御前会议上，曾有大臣提出“溥伦长，当立”。惇亲王奕誴当场就提出反对意见，理由是“疏属不可”，即溥伦实属远支宗亲，不适合入继大统。

如果从道光帝的亲孙辈、同治帝的堂兄弟中挑选，皇室近支“载”字辈中有八名人选：五皇叔惇亲王奕誴的五子载濂、载漪、载澜、载瀛、载津；六皇叔恭亲王奕䜣的三子载澂、载浚、载滢；七皇叔醇亲王之子载湉（3 岁）。

若论父辈的功勋声望，从恭亲王这一支挑选皇位继承人的可能性最大。但是，一来慈禧对功勋赫赫、位高权重的奕䜣已怀有很深的猜忌，无论是立载澂、载浚或载滢，已集内政、外交等大权于一身的恭亲王将更具威胁；二来，惇亲王和恭亲王之子年岁较长，其中任何一人被立，慈禧再无正当借口继续“垂帘听政”。

慈禧厌恶恭亲王长子载澂，还另有一层缘故。同治帝暴崩于青春之际，这个小他两岁的堂弟有引诱之责。载澂，人称“澂贝勒”，是恭亲王的嫡长子，大学士桂良的亲外孙。然而“虎父偏生不肖子”，这位贝勒爷没有半点恭亲王的气象，举止浮浪，最喜寻花问柳。同治七年（1868）三月，他被两宫皇太后“加恩”，入上书房当同治帝的陪读。其间，他偷偷领着皇帝微服出宫冶游，出入烟花柳巷。事情败露后，慈禧太后一怒之下把他的郡王衔、贝勒爵位一并削除。后来顾及恭亲王的颜面，一个月后，又恢复了他原有的郡王衔和贝勒爵位。

立载湉为帝的当天，两宫皇太后特别下发一道内容颇为含糊的谕旨："皇帝龙驭上宾，未有储贰，不得已以醇亲王奕譞之子载湉承继文宗显皇帝为子，入承大统为嗣皇帝，嗣皇帝生有皇子，既承继大行皇帝为嗣，特谕。"大意是说：同治帝驾崩，没有留下子嗣，不得已立醇亲王奕譞之子载湉作为嗣皇帝，他被定为咸丰帝的嗣子，等他成年后诞下皇子，皇子将作为同治帝的嗣子。

小载湉被抱入宫中不久，朝堂有关"继统"和"继嗣"之争的非议声便起。

光绪元年（1875）正月二十日，即新皇帝登基大典举行五日前，内阁侍读学士广安首先"发难"。他先为同治帝鸣不平，并引用北宋开国时太祖赵匡胤、太宗赵匡义兄弟帝位相继所引发的皇权"正统性"争议，建议将此前太后懿旨中对继嗣的安排说明，用"颁立铁券"这一王朝最高立法方式固定下来，以防日后有变。广安并没有质疑或挑战慈禧太后的选择，只是请求朝廷把既定安排以不容更替的方式确立下来。然而，这触及了慈禧的敏感神经，遂下谕以"冒昧渎陈，殊堪差异"对其加以斥责。

新帝登基大典举行一个月后，同治帝皇后阿鲁特氏逝于储秀宫，年仅 21 岁。一般认为，同治帝皇后是在悲伤和绝望中绝食自杀的。当时，御使潘敦俨上了一道颇有意味的奏折，称民间传闻皇后之死"或称伤悲致疾，或云绝粒殒生"，他由此奏请两宫太后：考虑到同治帝的"嗣统未有定议"，皇后又"殉葬"，请朝廷对皇后的节烈美德进行表彰，为她更号。此种暗戳戳的指摘，自然触犯了慈禧太后的大忌，遂下旨“斥其以无据之词率登奏牍，实属谬妄，交部严议”。潘敦俨被罢官免职后，“归隐于酒，阅二十余年卒”。

此后，“统嗣”的非议消停了数年。不想几年后又发生了一起“尸谏”事件，一时震动朝野。光绪五年（1879）三月十七日，同治帝和皇后归葬惠陵，两宫太后、小皇帝及大批官员出京送葬，在蓟州举行迁礼。奉安典礼结束后，送葬队伍返京，太后一行则于二十九日返抵皇宫。

典礼结束后，有一个名叫吴可读的吏部六品小官没有随大队人马返京，而是滞留蓟州，住进了马伸桥的三义庙内。四月初二当晚，他在白绫上写下“九重懿德双慈圣，千古忠魂一惠陵”一联后，准备悬梁自尽，因房梁太高且朽败不堪，又改为服毒自杀。临死前，他留下封存密折一匣，并遗书嘱为转呈吏部代递。

这可是尸谏！在中国传统政治文化中，“武死战，文死谏”是忠君报国的最高境界。每当君臣关系恶化到有话不能好好说、有事不能细细谈的地步时，便会有臣子豁出性命，以死相搏，以期唤醒天听。

鉴于吴可读采取尸谏，且遗折密封，负责处理此案的吏部官员猜想到此折一定牵扯重大且敏感的政治问题，于是违背惯常的规定，未经拆视就径报朝廷。如此，既能保证遗折内容不外泄，身为经手人也可以免责。四月十四日，这份密封遗折送呈至慈禧面前。

在遗折里，吴可读说自己是在“涕泣跪诵，反复思维”中写下这些话的。他直截了当指责两宫皇太后在立嗣问题上“一错再错”——之前同治十三年（1874）所颁的懿旨，只考虑到为咸丰帝立嗣，却没有为同治帝立嗣。而今，光绪帝入继大统是奉两宫皇太后的懿命，他承嗣的是咸丰帝，而不是同治帝。而将来接继光绪帝皇位者，朝廷也没有定下明文说明到底算是哪一位先帝的后嗣。随后，他祈求两宫对此下一个清晰明白的谕旨，规定将来皇位仍归同治帝的嗣子来继承。至于当今皇帝不管将来育有多少皇子，任何大臣都不得对此做更改的进言，所谓“正名定分，预绝纷纭”。

和四五年前不同，慈禧这一回没有勃然大怒，而是迅速地按捺住了情绪。事关皇位继承之大事，吴氏尸谏方式又如此激烈，如果再不对此有一个正式的表态和了结，这场统嗣之争引发的朝野非议很难平息。当天，她就此做了批复，并命王大臣、大学士、六部九卿、翰林院、詹事府、六科给事中、御史道就吴可读原折进行会商讨论。四月二十二日，太后和年仅 8 岁的小皇帝在养心殿东暖阁召见朝中重臣；六天后又召集更多官员在内阁集中讨论。

宗室王公如恭亲王、礼亲王，因身处利害攸关的圈内，遂以“不敢参议，不得擅请，不能预拟”谨慎表态，建议以“毋庸置疑”搁置处理。而以汉大臣为主的朝中官员纷纷以为太后、皇帝分忧为己任，表示一定要对吴可读的遗折有所交代和回应，甚至慷慨激昂，“声震中外”。

清流党一派的尚书徐桐，侍读学士宝廷、黄体芳，国子监司业张之洞，御史李端棻，都上疏各陈所见。其中，张之洞提出的方案最为明晰。首先，他为太后辩白，称吴可读虽“至忠至烈”，“然谓其于不必虑者而过虑，于所当虑者而未及深虑也”。

这位此时还是京城“清流党”干将的探花郎随后提出了“继嗣”与“继统”问题合并解决的办法。他首先论证“帝嗣”的继承有别于寻常百姓家。对“帝嗣”来说，“继嗣”和“继统”毫无分别。所以，不管光绪帝将来成年后育有儿子，这些皇子都先不“继嗣”，等到皇位的“继统”确立，那接继光绪帝皇位的就是同治帝之嗣子。由此，他干脆利落地把“继嗣”与“继统”两大矛盾一并解决了。

五月初九，清廷正式下旨给吴可读尸谏、大清“继统”问题定调，谕曰：“我朝未明定储位，可读所请，与家法不合。皇帝受穆宗付托，将来慎选元良，缵承统绪，其继大统者为穆宗嗣子，守祖宗之成宪，示天下以无私，皇帝必能善体此意也。”也就是说，等光绪帝成年后诞下皇子，从中谨慎选立“皇储”。等皇太子承继皇位后，他就被定为同治帝的嗣子。如此，既遵守了祖宗们定下的“秘密建储”之成法，又以一片无私之心为天下做出表率。对于吴可读，慈禧也做出了让步，嘉许其“以死建言，孤忠可悯”，并命吏部按正五品的待遇给予褒赠抚恤。

当时，远在上海的《申报》对此事做了连续而详细的报道，并摘录吴可读遗折中言辞最激烈的部分加以刊登。从京城至地方，士林学子、文人墨客为吴写下无数哀悼的诗歌、挽联。张之洞、宝廷、翁同龢、徐桐等一班坚守道统观念的“清流”士大夫们自不必说，连世人眼中“轻义理、善权变”、最和清流党格格不入的李鸿章都被吴氏所感动，写下了“西望惠陵，穿土而茔，扈从大行，呜呼先生”这样的字句。

在民间，这桩尸谏事件更演绎出了某种神话，说是吴可读自杀当日，京城天气晴朗，正午时分烈日当头，忽然天降大雪，雪花纷纷扬扬，连老天爷都被吴可读“忠君爱国”的精神感动了。

今天，我们也许会觉得整桩事件迂腐荒诞到可笑的地步，也很难理解吴老夫子那种“钻牛角尖式”的道德偏执。至于一班官员士大夫绞尽脑汁地贡献对“统嗣”合法性的论证，更像在玩弄一种精巧繁复但无甚意义的文字游戏——小皇帝将来长大后，生下的儿子算是哪个皇帝的养子，真有那么重要吗？

吴可读以死捍卫的，正是维系中华古国数千年来政治、社会稳定的一整套宗法制度和思想观念。汉朝以降，尤其是自宋以来，儒家这一套以“君臣父子”为核心的宗法制度与观念使得整个帝国从上至下能够平稳有序地运转。在中国历史上，每当皇权的合法性和正统性被破坏，往往会引起巨大的政治动荡和思想混乱。北宋时期的“濮议”事件、明朝的“大礼议”之争就是颇为著名的前车之鉴。

在“统嗣”之争背后，还有叶赫那拉氏对清王朝祖宗家法构成的威胁和挑战。

清王朝自雍正起，对皇位继承制定下了“秘密建储”的祖宗成法。康熙晚年，因众皇子争夺储位引发了持续的政治动荡。雍正以“智数”谋得帝位后，遂对兄弟手足大开杀戒。也因亲身经历同室操戈的惨剧，他吸取教训，完善并正式设立“秘密建储”制。

自此，清皇室不再公开立皇太子，改由皇帝书写两份传位谕旨，一份置于乾清宫“正大光明”匾之后，另一份置于一匣，常以随身。乾隆、嘉庆、道光、咸丰四位皇帝都是通过“秘密建储”继承大统的。

但咸丰之后的三朝，因为皇帝只有独子或者干脆无子，“秘密建储”已无从实行。皇位继承制也由“秘密建储”实际更替为“懿旨建储”——即由皇太后（慈禧太后）指定皇位继承人选。

在《剑桥中国晚清史》里，著名汉学家费正清如此写道：“和慈禧权力有关的另一个事实是，光绪帝与同治帝不同，同治帝是从父亲（咸丰帝）那里合法继承皇位的，光绪帝并不是同治帝的法定继承人，他的地位完全是由于慈禧的意愿和权术才取得的。在她的保护下长大成人的光绪，不可避免地产生恐惧的心理，即皇太后可能作成他于先，也可能废黜他于后。”

晚清的皇权也因此处于一种“非正常状态”，为将来一连串重大政治变故和悲剧的发生埋下了一枚不安定的种子——从光绪朝的帝后“党争”，到慈禧于戊戌年发动的政变，己亥年的“建储”，乃至戊申年光绪帝、慈禧太后相继死亡之谜，皆由此一路而来。

到晚清，对皇权的最大威胁，是来自母后的“垂帘听政”。但在光绪五年，因朝臣们的集体智慧，这一场由载湉即位引发的“正统性”风波终于画上了句号。而小皇帝的生父、醇亲王奕譞则感受到了透骨的冰寒，他早已未雨绸缪，为将来另一场有关名分的“礼议”之事暗暗地预备下了一手。

失败的母亲

身为政治家的叶赫那拉氏，身后毁誉如山，但没有人能否认她是一个高明、老辣的权力玩家。而在母亲这一重身份角色上，无论对亲儿子同治帝还是养子光绪帝，她都是一个彻底的失败者。近代史学者杨国强曾评价慈禧，说她是一个“不善于表达母爱的女人”。

同治帝载淳自小在情感上就一直更亲近性格温厚的嫡母——东太后慈安。等到步入青春期，他越来越强烈地想摆脱生母对他的控制。17 岁时，在选立皇后的问题上，同治帝与慈禧太后发生了第一次激烈对抗。他没有选择慈禧中意的员外郎凤秀之女富察氏，而是立了与慈安太后有姑表关系的阿鲁特氏为后，即清史中的嘉顺皇后。

阿鲁特氏出身旗人中少有的科举世家，其父崇绮是清王朝两百多年里第一位也是唯一一位旗人状元公，其母则是郑亲王端华的嫡女。也就是说，阿鲁特氏是端华的亲外孙女。而端华则是慈禧在“辛酉政变”中的政治敌手，咸丰帝在热河行宫驾崩前任命的八位“赞襄政务大臣”之一。政变后，他被赐在宗人府空屋里自尽。

同治帝和皇后夫妻感情很不错，两人相敬如宾，但慈禧太后很不喜欢这位皇后，而阿鲁特氏也是外柔内刚的性格，故婆媳之间一直不和。

强势的婆婆于是强行插手儿子和儿媳间的事，以皇后需要多学宫中规矩为由，强令同治帝少去皇后寝宫，而要他多去陪自己偏爱的、已被封为慧妃的富察氏。夹在母亲和妻子中间的同治帝不堪其扰，干脆一个人搬到乾清宫住，后在近侍、太监的引诱下，跑出宫去“冶游”。据说因为担心在高档风月场所出入会撞到朝臣，他于是流连于京城最下等的娼寮，由此染上了性病。

按清宫档案的说法，同治帝死于天花，实则更大可能是死于梅毒，或是同时感染上了两种绝症。

帝师翁同龢在日记里记录下同治帝病重时的情况：“御医揭膏药挤脓，脓已半盅，色白（比昨稍稠）而气腥，漫肿一片，腰以下皆平，色微紫，视之可骇。”

同治帝驾崩后，醇亲王之子载湉成了皇室宗亲里和慈禧在血缘关系上最近的一个。慈禧既是光绪帝的伯母，又是他的姨母，如今又成为他的养母。

在庚子“西狩”中进入军机处的官员瞿鸿禨在《圣德纪略》中，记录下慈禧亲口对大臣讲述自己对幼年光绪“调护教诲，耗尽心力”的恩德：

> 外间疑我母子不如初乎？试思皇帝入承大统，本我亲侄。以外家言，又我亲妹妹之子，我岂有不爱怜者？皇帝抱入宫时，才四岁，气体不充实，脐间常流湿不干。我每日亲与涤拭，昼间常卧我寝榻上。时其寒暖，加减衣衿，节其饮食。皇帝自在邸时，即胆怯畏闻声震，我皆亲护持之。我日书方纸课皇帝识字，口授读《四书》《诗经》。我爱怜惟恐不至，尚安有他？

这是一个内在异常复杂，充满着矛盾和冲突的女人。

一方面，身为清朝实际最高统治者、爱新觉罗家的媳妇，慈禧太后用心栽培着这位天子，为他提供最好的教育。当小载湉正式开始读书后，她定期召见负责书房的师傅，查问小皇帝的功课进展和性情，有时还会当场垂泪说担心自己对不住祖宗之语。

后来，她还要求师傅们立功课簿记录每日上课内容，以方便掌握小皇帝的具体学业进展。随功课簿一并呈览的，还有小皇帝每日所作的诗、史论及对子等，慈禧宛如一位今日高标准、严要求的北京海淀区家长。

叶赫那拉氏对小载湉学业上的严格要求，部分源于她从教养亲儿子同治帝的失败中汲取的教训。在清朝历代帝王中，同治皇帝是出了名的顽劣、不爱读书，“亲政”之后一味贪玩、怠于政事，甚至给清廷中枢机构的正常运转造成不小的困扰。

另一方面，她又在小光绪身上贯彻她的控制力和影响力。她命光绪叫她“亲爸爸”。在叶赫那拉氏的心里，此生最大的遗憾大概是不能像一个男儿那样名正言顺地闯荡天下，轰轰烈烈地干出一番事业。

满人入关后，效法汉人的儒家治术，标榜以“仁孝”治天下，从康熙、乾隆到道光都是以孝道为天下表率的帝王。慈禧更是为光绪帝立下了各种严格的规矩，如“每日必至太后请安，不命之起，不敢起，少不如意，罚令长跪”。每当慈禧乘舆出行时，光绪必“随扈”，即便“炎风烈日，迅雷甚雨，不敢乞休”。

光绪二年（1876）四月二十一日，5 岁的光绪帝在毓庆宫正式开蒙读书。慈禧为他安排了曾教授过同治帝的两位师傅——署侍郎、内阁学士翁同龢和侍郎夏同善。二人为同榜进士，翁同龢主要教小皇帝读书，夏同善主要教他写仿格（写字）。另有御前大臣伯彦讷谟祜教习满语文、蒙古语文和骑射。

除翁、夏两位外，慈禧太后为光绪帝先后安排过的授课老师还有孙家鼐、张家骧、孙诒经、陆润庠。他们都是当时有名望的饱学之士，其中翁同龢、孙家鼐分别为咸丰六年（1856）、咸丰九年（1859）的状元，陆润庠为同治十三年（1874）的状元，其他几位进士出身的老师亦是各有所长、学问精深的名儒。

在这些师傅中，翁同龢和孙家鼐教授光绪帝时间最长，和光绪帝的私人感情也最深。“首席”师傅翁同龢在自己的日记里详细地记下载湉每次上课的内容、学习状态、情绪，甚至身体状况，出现最多的评语是“甚好”“尚好”“极好”。

和喜爱冶游、性格顽劣的堂兄同治帝不同，载湉从小就很用功读书。连一向严苛的慈禧太后也夸赞他非常爱好学习，坐着、站着、躺着都在朗诵诗书。在师傅们的精心栽培下，光绪帝小小年纪已很有“天召”意识，他是把读书同做国君相联系的。

中国传统“典学”的开蒙和教育，是以背诵和反复诵读为主。和每个幼龄儿童一样，小载湉也有坐不住、闹脾气的时候。翁师傅有时用激励，有时用谏言，刚柔并用。当小皇帝实在耐不住性子时，就允许他看有图画内容的书，张弛有度地引导他的向学之心。他在日记中多次记载小皇帝的读书情况：

> 辰初来，三刻入，上读书极好，指书内财字曰吾不爱此，又曰吾爱俭字，此真天下之福矣。
>
> 生书一本，读甚铿锵，忽于将完时龃龉（非龃龉，直是嬉戏啼呼耳）。
>
> 熟书背一号，忽欲哭，百方鼓舞，终不肯读，竟无知如何。生书涩，熟书亦未顺，勉强迁就，口吃甚，忽不乐，不可解也。

一次小载湉读生书时磕磕巴巴，翁师傅于是改让他先写字，因为“点画浓厚有力”，就连着表扬了几句，小皇帝立刻“阳气溢于大宅”，开始高声朗读。翁同龢随后领悟到自己“数日未免太抑之故”，于是大用鼓励之法，果然很有效——之后读竟《大学》《中庸》等熟书，“声亦高矣”。“以方寸纸书数字，请以朱笔圈之，竟欣然也，并令告随侍等读甚好。”

翁同龢由此判断，这是因为皇上“性高明，不喜人敦迫，然好谀之病亦当深凛，他时记取臣言”。

入值毓庆宫的师傅们所教授的功课内容，是以传统的儒家典籍及各种经典史书诗文为重心，即“典学”。到载湉长到十一二岁，他的功课里又增加了批读奏折的内容。

近代史学者马勇总结说：“在清朝所有皇帝里，光绪所受的教育是最好的。”但对一个孩子成长最最重要的母爱、温暖和呵护，小载湉是极度匮乏的。

叶赫那拉氏自己从来没有照顾孩子的经验，也没有和孩子相处的意愿和耐心。连自己的亲儿子同治帝也是一出生就由别人带大的，跟她从来就不亲近。

载湉当初被抱入宫时，随他进宫的有原醇王府一直照顾他的奶妈，但很快被太后下令赶了出去，因为她认为醇王府的奶妈来自民间、坏毛病多。据宫中太监回忆，慈禧太后不准奶妈抱着才三四岁大的小载湉入睡，后来就把他交给一个姓范的太监来带，因为他有“婆子气”。

小载湉原本身体就羸弱多病，经常头痛、腹泻、发烧、着凉，或是“胃气上逆，呕吐食滞”。慈禧差派照顾他的太监、奶妈都怕担责任，对他看管很紧，不敢给他东西吃，小皇帝常常因此饿得直哭。10 岁左右的时候，他经常跑到太监房翻吃食。一次他拿起一个馍就跑，等太监追上，跪地哀求，他已把半个馍吞进肚子了。

清皇室退位后，英国人庄士敦曾进紫禁城担任溥仪的外籍老师数年，教授他英语、数学、地理等学科。他曾不止一次为自己这位学生感到难过。在他看来，天底下可能没有比紫禁城更不合适一个孩子成长的地方了。

他这样写道：“如果世界上有一个可以被称为监狱的宫殿，那就是北京的紫禁城。在那里，顺治皇帝渴望自由，在那里，他的倒数第二个继承者光绪皇帝，于大约十二年前终结了他忧郁凄凉的生活。那些不祥的高大建筑群是二百六十多年前一个皇帝的监狱，而且到今天为止仍然是另一个皇帝的监狱。”

同样被剥夺了骨肉亲情的，还有一位悲伤的母亲。自载湉被抱入宫的第一天，醇亲王福晋就一直牵挂着宫里的儿子，常常为他担惊受怕，加上之后所生的两个儿子又先后夭折，越发郁郁寡欢，这也影响了她和醇亲王这对原本恩爱夫妻之间的感情。

光绪二十二年（1896）五月，她最终抑郁而亡。在她临终前，光绪帝曾奉慈禧太后之命到醇王府探望数次。当看到心心念念却又很陌生的儿子，叶赫那拉·婉贞心情极为复杂，不久一言不发地撒手而去。

慈禧后来恩准醇亲王奕譞在毓庆宫照料小皇帝读书。亲父子中间隔着“君臣之礼”，谨小慎微的醇亲王从不敢逾越“界限”一步。

据翁同龢的日记，醇亲王为小载湉的学业可谓殚精竭虑，他经常找师傅们商量光绪帝的功课问题，以及管教督促之法。在书房里，小载湉对父亲有着天然的“畏敬”，每当他上课闹情绪不肯配合读书，师傅们又束手无策时，醇亲王会出来“正色诫勉”乃至“词色俱厉”，唬得小皇帝不敢胡闹，乖乖念书。

也有例外的情形。有一次，小皇帝本来课上得非常好，忽然醇亲王来到书房，当时6岁大的小光绪“又欲嗷然”，发出怪叫，开始捣蛋。师傅们不得不“多方鼓动”，才把课堂秩序勉强维持下去。其实，稍微懂一点儿童心理学，就知道这是小孩子为了博关注而撒娇的举动。

这是万万不能有之事。自慈禧宣布立载湉为帝的当日起，朝中一直有“继统”“继嗣”之争，到光绪五年（1879）又发生了震动朝野的吴可读尸谏事件。这让如履薄冰的醇亲王必须更加干净、利落地切断父子之情，父子间只剩下冰冷的君臣名分。

只有翁师傅每次上课时，会摸摸他的小手心是热是凉，看看他的脸色和精神状态。有一次听到小皇帝鼻音浓重，翁同龢询问之后，才知道他未进早膳，而宫中太监则敷衍了事地写下吃饭“两碗”。

光绪三年（1877），翁同龢告假回老家常熟探亲。为了避免父子单独相处招致猜忌和嫌疑，醇亲王随后小半年没有出现在书房。直到翁同龢回京销假后，才又回到书房督责小皇帝的功课。

没有师傅和父亲“坐镇”书房，小皇帝倒也开开心心逍遥了数月，和太监们玩耍胡闹。等翁同龢销假回来，小皇帝一见他，开口就是“吾思汝久矣”。这让翁同龢既感动又惶恐。

在长达二十多年的授课读书中，光绪帝和陪伴他最久的翁同龢建立起如同父子的感情。他喜欢捋老师的胡子，上课时若听到打雷，就会吓得往翁同龢怀里钻。

有一年，翁同龢要回老家常熟虞山扫墓，小皇帝说什么都不肯让他走，不得已才给了一个月的假，还和他约定说：“下月今日，朕与师傅相见于此矣。”

在相当长时间里，翁同龢是影响光绪帝最深的人。

等到他成年“亲政”后，翁师傅自然成为少年天子寻求对国政大事看法和建议的首要对象。而翁也通过在书房进言、议论时事的方式，越来越多地影响朝政。他在政治上的企图心也逐渐膨胀，门下聚拢了文廷式、沈曾植、志锐、张謇等一帮门生弟子，他们后来被视作“帝党”，而翁师傅则是“帝党”的首席大佬。

但翁同龢实为一旧式学者。青年科场夺魁后，他常年在京中为官，外放也多为学政一类的差事，缺乏处理实际问题的经验，对晚清面临的“三千年未有之大变局”的认知也是一片茫然。

他和曾国藩、李鸿章这样早年虽为京城翰林，却是以立战功、办洋务、做地方督抚的“经世派”有着明显不同。

光绪二十年（1894）的朝鲜事变和之后的甲午战争，以翁同龢为首的“帝党”几乎左右了少年天子对时局的认知和判断，以及对日战争政策的制定。

翁同龢晚年被慈禧太后罢黜回籍。在为自己修订年谱时，他曾追忆和少年天子的“书房独对”。光绪帝常常在早朝召见枢臣之前，先让太监提着灯笼召见翁同龢，和他单独商量国政大事，“及见则闲话数语而出。由是同官侧目”。

这种“书房独对”的政治生态，也确实引起朝中同僚们的极度不满。当时主管清廷军事的荣禄就在给山西巡抚鹿传霖的一封密函里大发牢骚，说翁同龢竟然相信一个德国军火商汉纳根的鬼话，向皇帝建议委托汉纳根练军十万，岁费饷银三千万两，“所有中国练军均可裁撤”。两王（礼亲王、庆亲王）和李鸿藻均反对，但也没有办法，自己和翁同龢为之争到“几至不堪”的地步，才做罢议。谁知第二天早朝，光绪帝说必须交汉纳根练兵十万，不准有人拦阻，并下谕不准荣禄掣肘云云，原因是“午间书房已有先入之言矣”。

翁同龢对光绪帝的这种特殊影响力，自然引起了慈禧太后的警惕。

光绪二十年，慈禧太后下令撤去上书房。翁同龢曾对此力争，光绪帝也很不情愿，并命甲午战败后再次被起用的六皇叔——恭亲王奕䜣在太后面前代为说项。慈禧最后同意只撤销满文功课和英文功课，保留汉书房。

到光绪二十二年（1896）正月十三日，她在离宫返回颐和园的当天，突然下懿旨，强行撤去皇帝的汉书房。这一次，她没有给这一对师徒和任何说客留下商榷的余地。

坐在龙椅上的少年

随着年龄增长，这位少年天子的阅读不再局限于古代圣贤们的教诲。他对外部世界的好奇心和求知欲急速膨胀。

美国传教士何德兰于光绪十四年（1888）奉差来华传教，兼任北京汇文书院文科和神科教习，在京城待了二十多年，亲历了戊戌、庚子事变。他的妻子是美国长老会的女传道兼医师，后来成为京城王府诸多福晋、格格的私人医生，并被举荐到宫里为后妃们看病，因此和皇宫有不少来往。返美后，他写了一系列有关中国社会见闻和观察的回忆录。

据何德兰回忆，光绪幼年时，太监们就为他买遍了京城能买到的各种西洋玩具，有八音盒，会打鸣的公鸡、会咯咯叫的母鸡，会汪汪叫的小狗和会哇哇哭的娃娃。像其他小孩子一样，他会把玩具拆开，发现里头藏着发条。后来，他开始注意一切外国机械方面的东西，对一切发明都感兴趣，电话、留声机、火轮车、火轮船……

东交民巷附近，一家丹麦人开的西洋玩具店因此发了大财。

为了满足这位出手阔绰的核心主顾，店主甚至向欧洲玩具厂商订购了专为中国小皇帝设计新奇玩具的生产线。

到 20 岁时，光绪帝要求学习英语。官员们为他找来京师同文馆里的译官张德彝和沈铎。按规矩，给皇帝上课的人必须跪着，但光绪帝特许他们可以坐着。

其中一位教师的孙子与何德兰相熟。他告诉何德兰，皇帝非常着急学英语，都没有耐心等官员们去美国或英国买教科书，他们只得到学校、教会为他搜寻适合初学者的课本。后来，一位教会学校的老师把一本留给自己女儿用的、有着精美插图的初级儿童课本送给了他。

有一天，何德兰家里来了一个宫里的太监。他说皇上听说有外国机构翻译了一些欧洲的书籍，命他们为他找来。何德兰正好是其中几家机构的负责人，就把自己在学校教的天文学、地质学、动物学、生理学等各种科学类书籍搜罗出一堆，交给太监带走。之后连续六周，这个太监天天上门要书，要不到书就不肯走。最后，何德兰没有办法，只好把太太的中文医学书也贡献出来，让对方带回去交差。

“我知道别的太监也在拜访其他藏书多的人。当时，所有译自欧洲的中文书籍都被光绪买了去。”他评论说。一天，这个常来要书的太监看到了何德兰太太停放在走廊上的自行车，问他是什么。何德兰做了解释，然后在院子里骑了两圈做示范，太监看得目瞪口呆。太监第二天再来时，说皇上想要这辆脚踏车。他们同意了。不久，他从太监那里听说，光绪试着骑自行车，结果辫子缠进了后轮，然后狼狈地摔了一下，“于是就像很多中国人一样，放弃了”。

1894 年慈禧六十大寿时，一个在华女性基督徒团体委托英美公使，把一本烫金的、银线装订的中译本《新约》作为寿礼送给太后。公使们把包装在精美柚木盒里的《新约》送到总理衙门，请他们代呈给太后。

第二天，光绪就派人到美国在华圣经学校去要了几本普通百姓可以买到的《新约》和《旧约》。后来，一个在光绪身边服侍的太监告诉何德兰，皇上在读《路加福音》，每天叫人用大字抄一段，然后坐在书桌前读。

皇帝的好奇心也带动了周边的人。几天后，有一个在皇宫任职的花匠跑来告诉何德兰，过去对他态度很冷淡的太监们很客气地请他坐下，然后向他打听有关基督教的许多问题，后来还招呼他和他们一起吃饭。然后接连几天，花匠都被太监们邀请一起吃饭，让他给他们讲有关基督教的内容。

这位年轻的皇帝对西方的科技、文化、宗教抱着一种开放、友善的心态。在“亲政”的第二年，光绪帝就颁布了一道上谕，要求地方官和老百姓善待传教士，他说：“至泰西之教，本是劝人为善，即从教之人，亦即中国子民，仍归地方官管辖。民、教本可相安。”

身为一名西方来华传教士，何德兰倒不认为这是中国皇帝接受了“福音”的见证，但他觉得这反映了光绪帝对外部世界的心态：中国人的脸永远是朝着后面看的，他们最高的愿望是能达到古时黄金时代的那种海晏河清。他评价道：“光绪是第一个身坐龙椅而脸向着未来的人，他的主要目标，是拥有和掌握那些让洋人在他的子民面前耀武扬威的技术的每一个方面。”何德兰由此推断：皇帝是一个头脑非常聪明、勤奋好学的少年。

但是，他也从在宫中任职的花匠朋友那里听说了光绪帝性格里冲动暴躁、难以自控的一面。有一次，小皇帝命令一队太监到他那里去，结果大家都有事，只有那名小太监去了。当小太监跪下磕头时，光绪飞起一脚，踢在了他的嘴上，不仅把他的嘴唇踢烂了，还造成了别的伤害。“服从命令还要受罚，这种人还怎么治国啊？”那个花匠感慨说。

少年光绪帝性格里暴躁易怒、容易失控的一面，在翁同龢的日记、宫女太监们的回忆录里都能找到第一手的记载。以下摘录自翁同龢的日记：

早间在后殿大怒，拍表上玻璃，手尽血也。比入，渐渐温语幸开。

昨日闻与中官闹气，扑而破其面，此大不可，婉言进规，颇见听受。

闻上今日头疼，且发怒，踢破玻璃窗，余入力劝，颇受，先退。

光绪九年（1883）某日在书房，少年皇帝因生口疮心情不佳，当时师傅强欲讲书，结果惹他发了脾气，甚至掷破一只碗。翁同龢感慨道："圣性如此，刚柔两难着力。"

在光绪身上，有着一个被宠坏的孩子常见的特质——容易心血来潮，一旦他有想要的东西，必须马上得到，否则就会发脾气、闹性子。

在老师、宫女太监、陪侍他的起居注官的描述里，这位少年天子呈现出一种极为分裂的个性——一面是文质彬彬，温厚友善，有着贵族的涵养和风度；另一面是情绪容易失控，喜怒无常。每当他发脾气时，额头的青筋会鼓出，一跳一跳的，这时，他口吃的毛病就开始犯了。

这种性格里的缺陷，即使有部分来自先天的因素，后天环境也在助长着它。自三岁半被抱进宫里，小载湉事实上就被关进了一座精美豪华的监狱，一个扭曲、分裂的小世界里。在慈禧太后面前，他是备受压抑、被严格规训的，但凡有一点小过就得在养母面前长跪不起，直到她觉得满意了；一旦离开了"亲爸爸"，他就是"真龙天子"，臣民、百姓们俯伏崇拜的"九五至尊"，宫里的宫女太监甚至都不允许抬头看他。

等到光绪帝开始"亲政"，他性格里的这种幼稚、情绪不稳定、不通世情有时就会显露出来。

据宫里的太监说，光绪帝手下的太监都不敢亲近他。他常常夜间不睡，半夜三更起来批阅奏折，遇到不顺心的事，就自己拍桌子，骂混账，也不知是骂奏折还是骂近侍太监，吓得太监们都心惊胆战。

何德兰曾如此评说：“总是心血来潮，这是优点也是缺点。他可以像恺撒那样豪迈地大笔一挥，威胁他的大总督，罢免他主要的保守派官员，引进中国人所想得到的最全面、最深入的改革。然而他却在一个女人面前落荒而逃，就像鬼在后面追着他似的。”

在常年教学中，作为帝师的翁同龢、孙家鼐等一直抓住各种机会劝诫这位少年天子，期待他能按儒家的标准来颐养心性。等到他发完脾气、冷静下来，大多时候也都能虚心接受师傅们的劝谏。

真正的政治家和优秀的帝王，要有坚忍的心志和顽强的毅力，要在不断的挫折和历练中学习、磨砺。和他那位不走运的伯父咸丰帝一样，光绪帝还有一个致命的弱点——身体羸弱。

从各方面看，这是一个冲动、敏感、有些耽于幻想的年轻人。

光绪帝惧怕打雷的毛病，从幼年一直持续到成年。每到下暴雨的时候，门窗都要紧闭，他让太监站在两旁，自己捂住耳朵，但他又喜欢听暴雨后宫里下水道排水的声音。他常常顶着雨来到御花园东北角的一个亭子里，下面池子里有个石龙头，高悬着，后宫的雨水从这个龙头喷出来，落在深池子里，像瀑布似的，轰轰作响，长时不断，流入御河。

这是少年天子最喜欢听和最喜欢看的。

醇亲王的保全智慧

同治帝驾崩之日，当在御前会议上听到两宫皇太后宣布载湉入继大统的决定，醇亲王奕譞当场昏厥了过去。久在帝王家，奕譞见证也亲历了“伴君（后）如伴虎”的血腥和残酷。作为幼帝的生父，他的地位变得微妙而敏感。

据《清史稿》记载，载湉被立为帝的次日，奕譞就上奏两宫太后，“请开一切差”。这份奏折文辞极佳，真挚恳切，非常打动人心。醇亲王说：自己身为臣子，侍从同治帝已经有十三年了。如今他龙驭宾天，我仰瞻他的遗容，感到五脏崩裂。然后忽然听闻皇太后的懿旨，选立载湉为嗣皇帝，仓促之间让我头昏眼迷，不知所措。过往的肝疾复发，病情加重，几乎成了废人。唯有哀恳两宫皇太后成全我的请求，请允许我告老回家，为天地容一个虚縻爵位的人，为道光皇帝留一个庸钝无才的儿子。原文如下：

臣侍从大行皇帝十有三年，昊天不吊，龙驭上宾。

仰瞻遗容，五内崩裂。忽蒙懿旨下降，择定嗣皇帝，仓促昏迷，罔知所措。独犯旧有肝疾，委顿成废。惟有哀恳矜全，许乞骸骨，为天地容一虚糜爵位之人，为宣宗成皇帝留一庸钝无才之子。

两宫皇太后随即召王公大臣们商议此事，因为奕譞的请辞实在恳切，于是准许他辞去一切官职，令他负责管理慈禧太后陵寝的修建工程，但仍保留了他王爵世袭的待遇。奕譞又上疏请辞，没有得到同意。

醇亲王极为谨慎小心，让慈禧太后几乎感受不到威胁。光绪二年（1876），小皇帝在毓庆宫入学，慈禧恩准他到毓庆宫照料光绪帝读书，父子俩又得以经常在书房里相见相处。

在书房里，这一对隔着君臣名分的父子相处得非常微妙。据翁同龢的日记，小光绪对亲生父亲有天然的“畏敬”，每每师傅们管教不着力时，醇亲王就出来镇场子。

有一次小光绪闹情绪，连着数日怎么都不肯好好读书，翁同龢和几位师傅怎么开导、规劝都没用。此时，醇亲王到书房，“正色诫勉”“词色俱厉”一番。小皇帝第二天就“读极好，竟将生书及前一号复带二遍，余自读之例，再前一号勉读五遍，前两号亦自读一遍，此非梦想所及”。翁师傅感慨说：“昨日一震之威，殆天意也。”

据翁同龢的书房日记，醇亲王为小载湉的功课和学业真是操碎了心，经常找几位师傅商量书房的功课内容，以及对小皇帝管教督责之法，并反复叮嘱师傅们要主操赏罚，“不可授权于上”等。

一天，翁同龢忽然接到太后懿旨，交代他设立书房的功课簿，登记每天实际的学习时间和功课内容用以稽查，“如读某号，背某号，作何诗，属何对，皆详言之”。之后，翁同龢才得知，这是醇亲王前一天向慈禧太后呈上的建议。

等到光绪帝长到 10 岁，醇亲王再来书房时，翁同龢注意到小载湉开始表现得“颇矜持”——在父亲面前，刻意摆出国君对待臣子的庄重态度。光绪帝被立后的最初十年，醇亲王彻底退出了政坛。他和光绪帝的生母小心谨慎地度日，避免和朝中大臣结交往来。除照料小皇帝读书和监督太后的陵寝修建外，他平日里只和翁同龢等一帮清流翰林们写诗唱和。

光绪十年（1884）三月十三日，正值中法战争，慈禧太后突然发布懿旨，以“委靡因循”的罪名，将以恭亲王奕䜣为首的军机处大臣全班罢免，停了奕䜣亲王双俸，命他“家居养疾”，史称“甲申易枢”。

慈禧随后命礼亲王世铎主持军机处，庆郡王奕劻主持总理衙门，并要求他们遇有重大事件，先与醇亲王“商办”。奕譞重新回到政坛，以“商办”之名，成为中枢机构的实际执掌者。

当时有言官盛昱、锡珍，时任御史、民国年间出任《清史稿》总撰的赵尔巽各自上疏，说醇亲王身为皇帝本生父不宜参与军机事务，容易引发藩王干政的嫌疑，其中盛昱还搬出了“诸王不得在军机行走”的祖训。

慈禧于是为之专门下了一道懿旨，说自己垂帘以来，“揆度时势”，实在是不能不任用近支藩王参与军机要务。至于谕令奕譞与军机大臣的“会商事件”，专指军机现办紧要事件，而非所有的政务要事。而且，奕譞自己再三恳辞这一重大任命，直到太后谕令“以俟皇帝亲政，再降谕旨”，他才肯暂时奉命，“此中委曲，诸臣不能尽知也”。

重新出山后，醇亲王越发小心翼翼、如履薄冰。光绪十二年（1886）五月，醇亲王奉太后之命，会同李鸿章到天津、旅顺、烟台等地巡阅海军。为了这次盛典，慈禧特意赐给奕譞一乘杏黄色的轿子。奕譞非但不敢乘坐，还坚请慈禧的心腹太监李莲英一同前往阅兵。出京后，每次接见地方文武大员，必命李莲英随见。奕譞之所以这样做，用意十分明显，就是避免“擅权”之嫌，不给言官弹劾以及慈禧整治自己制造任何把柄。

而李莲英也忌惮于前有安德海之祸，每日穿着布衣布靴，手里拿着醇亲王的长杆烟筒和荷包，站在一旁侍候王爷。从堂上退下来，他就回自己住的小房间，不接见任何人。当时，直隶、山东两省许多官员想抓住这个机会讨好、贿赂“老佛爷”跟前的大红人，结果都落了空。

王照评价说此“一主一奴皆据恭谨为磐石之固”，他赞叹老醇亲王有智慧，“王之知幾，其神矣乎”。

果不其然，不久就有御史朱一新上奏弹劾内监李莲英随醇亲王至天津，有行为失检之事，并把天灾和政事缺失联系起来做了一番发挥。慈禧太后以“原折掷还”的方式对朱进行了斥责，降其为主事，并下令：以后内廷派总管太监随同近支亲藩出外查阅，“外廷臣工不得妄生议论”。

当时，直隶总督兼北洋大臣李鸿章主办洋务，手中掌管着轮船招商局、电报局、织布局等一批官督商办企业。为让洋务事业得以顺利推行、少受掣肘，这位“重事功，轻义理，擅权变”的实用主义者常常把自己经手的洋务企业股份赠送给朝中要人。当朝诸公一般都予以笑纳，但奕譞一直颇为洁身自好，是王公大臣中少有的拒收李鸿章贿赂之人。

光绪朝进士、曾任职于吏部的何德刚在其《春明梦录》中谈到自己去醇王府查验工程的情形，只见王府内“房屋两廊，自晒煤丸，铺满于地，俭德不可及”。

在政治才能上，醇亲王表现平庸，观念陈旧，无法与精明强干、才识卓越的恭亲王奕䜣相提并论。“甲申易枢”时，时人有“易中枢以驽马，代芦服以柴胡”之讥，讽刺慈禧新提拔、重用的这几位王公无法跟原恭亲王的班底相提并论，无论是识见、威望、品格还是能力上。

醇亲王在实际执掌军机处和总理衙门期间，唯慈禧太后马首是瞻，可用“庸懦”二字概括。在他总理海军衙门期间，慈禧任意提取北洋水师的军费用于颐和园的修建，“王不敢违”。随着光绪帝渐近成年，慈禧太后结束“垂帘听政”的议程也摆上了台面。

光绪十二年（1886），载湉虚龄16岁。当年六月初十，慈禧太后小范围地召见了醇亲王奕譞在内的几位王公大臣。她提出，皇帝如今已学有所成，年岁渐长，准备在明年举行亲政仪式，还政给皇帝。醇亲王先是跪求慈禧太后收回成命，同时，又示意光绪帝跪求。然而，均未能挽回慈禧太后之意。

当日，醇亲王奕譞立刻派人请来光绪帝的授业恩师翁同龢、孙家鼐（满文师傅伯彦讷谟祜因提前离开，未到场），和当天一同“见起”的两位王公——庆郡王奕劻、克勤郡王晋祺一起商议如何让太后收回“归政”的心意。大家商定，两天后召集王公大臣共同商议此事。

在醇亲王的联络和提议下，两天后，王公大臣们共同发起“劝进”的上奏。“劝进”的奏折分为三份：一份由翁同龢起草，代表宗室、帝师小圈子，理由是皇上学业仍需精进、奏折批答还要训练、满语不熟；一份奏折由礼亲王世铎领衔，代表京中王公、大学士、六部九卿，搬出嘉庆初年乾隆帝“躬亲训政”三年的先例，建议太后于明年皇上亲政后，仍保持训政。

其中内容最为关键的，是醇亲王单独上的奏折。在这份折子里，他不仅提出把光绪帝实行亲政的年龄后延到满二十岁，更创出一项“永远维持现状”的建议——“一切事体，先请懿旨，再于皇帝前奏闻”。

有意思的是，慈禧太后收到奏折当天，发下回应“劝进”的懿旨，虽然拒绝了王公、帝师、满朝大臣们的“训政”之请，却允准奕譞所提出的恳请太后在“大政奉还”之后还保留随时指导光绪帝的权力。她表示，自己对光绪帝抚育教诲“十余年如一日”，等他亲政后，自己自然要“随时调护，遇事提撕，此责不容卸，此念亦不容释”。这就为她在皇帝亲政后继续干预朝政预留了空间。

随后，奕譞又组织王公大臣、文武百官们进行了第三次请求太后“训政”的上奏。对于醇亲王一而再、再而三的“劝进”，连参与其中的翁同龢都感到颇为厌烦，在日记中写道：“日日如此，奇哉！无趣。”

经过王公贵戚、满朝大臣三次陈情后，慈禧太后终于“俯允”训政之请，在当天颁下谕旨称：国家值此时艰，饬纪整纲，百废待举。皇帝初亲大政，决疑定策，自己“实不能不遇事提撕，期臻周妥”。既然诸王大臣们再三恳请，自己“何敢固持一己守经之义，致违天下众论之公?”照她的旨意，原定于光绪十三年（1887）的亲政大典仍照常举行，但自己勉强答应“再训政数年”。

光绪帝“亲政”在即，醇亲王奕譞为了避嫌，又上奏请辞管理神机营差使，慈禧太后在上谕中一并驳斥，勉励他“亦当以国事为重，略小节而顾大局”。光绪十四年（1888），皇帝的大婚进入筹备阶段，慈禧太后为光绪钦定自家的内侄女叶赫那拉·

静芬为皇后。在传统社会，成婚意味着一个人在社会角色上真正迈入成年，是为成年礼。六月十九日，慈禧太后下旨称："训政"两年以来，皇帝学业精进，大小国事也能措置合宜，待皇帝大婚之后，即行"归政"。

若按前朝同治帝的"亲政"先例，只需将一切政务"恢复旧制"，即按照咸丰帝及此前历代清帝独揽大政的做法即可。在商议过程中，醇亲王又全程参与，出谋划策。军机处最终拟定"归政"后章程十六条，部分"归复旧制"，部分为"从权办理"。其中，有两条内容最值得注意：

一是在京各衙门每日具奏的折件，先由光绪帝批阅、传旨，然后由军机处另外缮写清单，交慈禧太后阅览。二是外省奏折，先由光绪帝批阅、下发，然后同样由军机处择要摘录事由，交慈禧太后阅览。

以上两条均是"查照醇亲王条奏"商议的结果。茅海建先生在《戊戌变法史事考》一书中援引这两项条款，称之为"事后报告制度"：即太后"归政"后，光绪帝处理政事时，会时刻感受到背后有一双咄咄逼人的眼睛存在。虽不致百分之百地迎合慈禧太后，光绪却也不可能放开手脚，完全按照自己的意见来处理朝政。

身为这一整套半拉子"亲政"制度的设计者，醇亲王有着对未来的考量。一是能直接摆放到台面上的担心。他担心光绪帝还过于年轻，尚缺乏政治经验和智慧来管理整个帝国。但更深层次的，是担忧皇帝“亲政”后与太后之间因政见、权力等发生冲突。

作为“辛酉政变”“甲申易枢”两次政变的亲历者，奕譞非常清楚自己这位嫂子极强的权力掌控欲，以及任何人一旦被她视作政治对手，她那种斩草除根、毫无妇人之仁的冷酷和残忍。按醇亲王的设想，如果光绪帝在“亲裁大政”后，对政事的处理仍置于慈禧的监督、审查之下，则皇帝和太后之间可以最大程度地达成共识，从而预防两宫之间产生矛盾和冲突。

《清史稿》以“肺腑之亲，寄腹心之重”来形容醇亲王这一番良苦用心和满腔爱子深情。最能说明醇亲王思虑之远的，则是他在光绪元年正月初八所上的一道“密陈豫杜妄论折”。

光绪十四年正月，皇帝“亲政”在即，河道总督吴大澂上了一道密折，引用乾隆帝对《通鉴辑览》的御批，并就此发挥说：我们这些做臣子的如果出人头地了，尚且把得到的封典为自己的亲生父母增光添彩，何况贵为天子呢。天子的亲生父母，也必须给予尊崇的典礼，请朝廷商议醇亲王的称号、礼节。

孰料，早在十三年前小载湉刚被抱进皇宫时，自陈“肝疾复发”请辞一切差事的醇亲王就预想到了会有这样的事发生。当时，他秘密地给慈禧上了一道奏折。在这道密折里，他引用了两起历史事件，一起是北宋英宗时期的“濮议”之争，一起是明朝嘉靖帝的“大礼议”事件。这两起都是藩王旁支入继大统，然后为尊自己亲生父母的封号、名分引发了礼法之争和朝堂撕裂，进而引起长时间的政局动荡。

奕谖以此为“前车之鉴”，请求朝廷永远不要在他的封号、名分上做变动。等光绪帝成年亲政后，为预防鲁莽新进走升官捷径，以危言典故说动皇帝，因此滋生事端、扰乱朝政，醇亲王恳请慈禧皇太后将这封奏折留于宫中，等皇帝亲政时宣示。如有以宋英宗、明世宗等朝的事进言者，务必视为奸邪小人，立加贬斥。

等吴大澂请尊封号的奏折上陈，慈禧太后就将这道十三年前留存的密奏公示并命抄送下发，下谕称：自光绪帝入承大统后，醇亲王“谦卑谨慎，翼翼小心，十余年来，殚竭心力，恪恭尽职”。每次皇上和太后恩赏有重于常例，“皆涕泣恳辞”，之前赐他的杏黄轿，他至今都不敢乘坐，其“秉心忠赤，严畏殊常”，不但太后和皇帝深知，天下臣民也都见证了。“自古纯臣居心，何以过此？”现在把醇亲王原奏下发，“俾中外咸知贤王心事，从此可以共白。阚名希宠之徒，更何所容其觊觎乎？”

据翁同龢的日记，吴大澂虽未遭谴责呵斥，“然辱甚矣”。但在一些私家记载中，也留下了这样的逸事：有一次醇亲王不知何故惹得慈禧不高兴了，正巧碰到太后生病，他前去探访，慈禧竟然没好气地说：“尔太上皇矣，何顾我为？”一句话吓得奕谖连着几天无法入睡。

这些私家记载虽难以考证其真实性，但也隐隐透露出某种冷酷的现实情状——对位于权力之巅的家庭和家族而言，猜忌、不安和危机感始终萦绕于人心，无法一劳永逸地根除。只要当事人稍有闪失，猜疑之火就立刻被点燃，且迅速蔓延，并伴随着阴谋、流血和杀戮。

光绪十六年（1890）十一月，醇亲王突发疾病，不久逝世。遵乾隆帝御批，朝廷定其称号为“皇帝本生考”；遵照醇亲王生前的意愿，仍维持亲王原封，谥号曰“贤”，配享太庙。经朝臣们商议，光绪帝穿素服一年，缟素、辍朝十一日；以亲王的规格安葬，以天子的规格礼祭，立庙班祎。光绪十八年（1892），醇亲王安葬于北京西山妙高峰，可谓慎始慎终。

老醇亲王死后数年，孰料他的墓园发生了一桩离奇的砍树事件。王照的《方家园杂咏纪事》、胡思敬的《国闻备乘》以及《翁同龢日记》都记录了这桩奇案，只在具体的时间、细节和事件的神秘色彩浓淡上略有出入。

当时，工部有位侍郎名叫英年，精通堪舆之术，曾负责三海、颐和园以及帝后陵寝的选址和动工，很得慈禧太后的信任。一日，他随慈禧游醇亲王的陵园，慈禧令他相视园地风水。当他看到老醇亲王墓旁有一棵白果树（即银杏树），亭亭如盖，大为吃惊，说园内蕴涵着一股帝王之气，而且这股气仍然非常旺盛，将来醇王府恐怕还要再出帝王。

慈禧于是问：“诚如卿说，当用何法破之？”英年指着白果树说，把它砍了，或许可以泄掉这股帝王之气（“王”字上添一“白”字，即为“皇”）。慈禧回宫后，立刻命人把这棵树砍了。

谁知该树树干坚硬异常，工人砍得很吃力，还有如血一样的红色汁液从伤口流出。到第二天，监工发现树干上砍伤的地方已愈合，非常害怕，就上报此事，希望上头停工。慈禧得知后大怒，亲自监督，派几十个工人用了一天时间终于把树给彻底砍倒。结果，工人们发现树上藏着一窝蛇，其中有一条大蛇，还有许多小蛇蠕动着。他们用柴火焚烧，烧焦的皮肉臭气在几里之外都能闻到。

王照曾亲赴实地向周围乡民考证，乡民们说光绪帝得知此事后，曾令人驾着马车来到醇王府陵园，号啕大哭。关于墓园砍树事件可信度最高的记载，见于翁同龢于光绪二十三年（1897）五月初七的日记，仅寥寥数言："（醇亲王）园寝有银杏一株，金元时物，似前月廿三事，懿旨锯去。"

光绪帝驾崩后，溥仪即位，即宣统皇帝。溥仪是光绪帝的亲侄儿，老醇亲王奕譞第五子载沣的长子。如英年所预言，清王朝第十二位皇帝仍出自醇亲王府。溥仪在《我的前半生》中追忆了自己3岁时被立为帝的场景，透露出醇亲王府对这种命运祸福不定的巨大惊恐。

光绪三十四年（1908）十月二十日当晚，新任摄政监国的小醇亲王载沣从宫中回来，宣读慈禧太后立溥仪为帝的懿旨。没等他读完，溥仪的祖母、醇亲王府老福晋刘佳氏"扑通"一声倒地，当场昏厥了过去。王府太监和仆妇、丫头们灌姜汁的灌姜汁，传大夫的传大夫，上上下下顿时乱成一团。

醇亲王载沣

天子家事

光绪十五年（1889）正月，虚龄19岁的光绪帝大婚，迎娶慈禧太后弟弟桂祥的次女，也即光绪帝的亲表姐叶赫那拉·静芬为皇后。

这场以“力行节俭”为名的天子婚礼总共花费白银550万两，前后筹备时间长达一年半。内务府员外郎庆宽等人绘制了《大婚典礼全图册》，用工笔彩绘再现了这场浩大婚礼的外朝礼仪全景，从纳采、大征、册立、奉迎、合卺、祭神、庙见、朝见、庆贺、颁诏到筵宴，绘制极为精细。

光绪十四年（1888）十二月十五日，距婚礼仪式最隆重的“册立”还有四十天。当晚深夜，紫禁城太和门西侧偏门的一间房屋突然失火。当晚大风，火焰借助风势，迅速蔓延到太和门。又遇大寒，金水桥下结冰，凿冰一尺，才得数寸水。护军、官员们都赶来扑火，人力难施，水又短缺，大火顷刻间把这座建立于永乐年间的外朝宫殿的正门烧得精光。赶来参与救火的翁同龢在日记里用“奇灾”来描述这场大火——“惊心动魄，奈何奈何”。

按清代皇家礼制，皇帝大婚时，皇后入宫必须要坐轿从紫禁城的正门进，经过午门、太和门，然后才能进入位于北方的内宫。改婚期已无可能，重修太和门根本来不及，这该如何是好呢？

情急之中，内务府想出了一个应急之策。慈禧太后遂下令由京城里技艺最高超的棚匠、扎彩工来扎一座纸糊的太和门。工匠们夜以继日地搭建，结果竟然真的搭出了一座太和门。

在一本叫《天咫偶闻》的书中记载了全过程："乃以札彩为之。高卑广狭无少差。至榱桷之花纹，鸱吻之雕镂，瓦沟之广狭，无不克肖。虽久执事内廷者，不能辨其真伪。而且高逾十丈，栗冽之风，不少动摇，技至此神矣。"

光绪十五年正月二十六日，皇后的凤舆经大清门、天安门、端门到午门，此时钟鼓齐鸣。在正副使步行引领下，16 人抬护的凤舆缓缓地穿过这座临时用竹竿加彩纸、绸缎搭建起来的"太和门"，迈向中左门、后左门然后至乾清门阶下。此时，皇帝早已身着龙袍在乾清宫西暖阁等候。

二月初四，王公大臣、文武百官在太和殿向光绪帝进表庆贺。但在人们心头，萦绕着一个不祥的联想。在民间，纸匠们扎的物品一般是为死人搭纸屋供焚化用的，在这位少年天子的大婚上竟然出现了这样的东西。

权力阶层的婚姻，从来不是男女之间的你情我愿，也距离民间的想象相去甚远。

1996年，谷德昭、周星驰拍摄了一部名叫《大内密探零零发》的喜剧片，以黑色幽默的手法恶搞了普罗大众所想象的帝王享有的“后宫佳丽三千”之福。影片中，随着内廷太监一声“后宫佳丽到”，一群或丑陋或肥胖或龅牙凸嘴的嫔妃们向皇帝张牙舞爪地飞奔而来。跑在前面的，是挖着鼻屎、留着胡须、双唇涂成血盆大口的“如花”姑娘。在“佳丽”们的簇拥下，张达明扮演的皇帝泪流满面，然后对“星爷”扮演的大内密探说——“这下你都明白了吧”。

在北京故宫博物院里，似乎可以找到周星驰这一无厘头恶搞的灵感来源。在清宫生活照展区，几乎每来一拨游客都会响起一片“啊”“呀”之声。人们惊诧于后妃们姿色的平庸，即使将审美的时代变迁、被拍摄者姿态神情僵硬等诸多因素考虑进去，部分“佳丽”仍不得不说是五官粗陋，颜值在中人之下。

皇室宗亲的婚姻，背后是家族势力之间的联合，以及对权力的布局和操控。区别于史上另一位著名的权力女性武则天，叶赫那拉氏对皇帝似乎从来没有取而代之的想法，对自家亲兄弟也无甚“抬举”，她的弟弟桂祥最高官职也只是一个副都统。

但是，她把叶赫那拉家的女人一个一个都嫁进了爱新觉罗皇室。慈禧的胞妹是醇亲王奕𫍽的嫡福晋。其弟桂祥有三个女儿：大女儿静荣被她指婚给“老五太爷”绵愉的长孙辅国公载泽；二女儿静芬是光绪皇帝的皇后，即隆裕皇后（孝定景皇后）；三女儿静芳是“铁帽子王”顺承郡王讷勒赫的嫡福晋。她的另一位兄弟照祥去世较早，他的女儿则被慈禧指婚与孚郡王嗣子载澍为妻。由此，叶赫那拉一门出了一位皇太后、一位皇后、三位福晋、一位夫人，可谓门庭显赫。

传教士何德兰的夫人因擅长医术，成为晚清京中王公贵妇们的私家医生，后来也常有机会进宫为嫔妃们看病。她是这样描述在宫中看到的隆裕皇后：一点都不漂亮，虽然她的面孔忧郁、温和。她身材佝偻，非常瘦弱，脸长长的，面色蜡黄，牙齿蛀得非常厉害。她性格很温和，没有一点主见，客人向她打招呼，她会还礼，但从来不敢说一句话。

光绪帝对这位皇后一点都不喜欢，大婚后就再也没有和她同住过。按清宫规矩，皇后在腊月三十和正月初一、初二这三天有侍寝的特权。据宫女回忆，即使是在“法定”的日子，帝后也是同屋不共寝的。这一对名义上的夫妻彼此冷漠、生疏，没有一点温情。

清宫档案中还留存着一份光绪帝严厉指责皇后的御旨，其中说：“宫内则例规矩，皇后一概不懂，近来时常失仪。如有施恩之处，俱不谢恩，及宫内外府大小事件，并不启奏，无故告假，不成事体。实属胆大。自此之后，极力改之。如不改过，自有家法办理。”何德兰则听说皇上对皇后态度恶劣，皇后走近他时，他经常对着她把自己的鞋子踢出去。“这种做法倒是十分符合光绪早年那暴脾气的。”何德兰同情地评论说。

隆裕皇后

事实上，慈禧太后自己对这位亲侄女态度也很冷淡，常常一个月也不和她说上一句话。从她为自己挑选的身边女官、宫女可以看得出慈禧喜欢长得好、聪明、性情活泼的，但又不能在她面前表现得过于聪明，这样带出来见人会客、拍起照来体面，平日里也能逗她开心，这包括洋派的裕德龄姐妹和几位受慈禧宠爱的福晋和格格。

和皇后同时进宫的，还有满族官员长叙的两个女儿，分别被封为瑾嫔、珍嫔，后又相继册封为妃。姐姐瑾妃姿色平庸，长着一张好似发酵面团的大圆脸，宫女太监们背地里给她取了个外号叫“月饼”。妹妹珍妃漂亮、聪慧，进宫时年仅13岁，活泼好动，很讨人喜欢。她擅书法，据说能双手写字，棋也下得很好。据储秀宫宫女说，光绪帝在选秀时对珍妃一见钟情。等到入宫后，她很快成为光绪的心头爱，日侍皇帝左右，与光绪同饮食共玩乐。

德龄记录下宫人们私下津津乐道的有关光绪和珍妃日常恩爱的细节。譬如有太监看见光绪用自己的筷子给珍妃喂食。这些八卦被有意无意地传到老太后的耳朵里，她听了也觉得有趣，会大笑着讲给别人听，然后评论说：“即使是贵为皇帝，有时也会忘记自己的尊严啊。”

等光绪亲政后，慈禧太后大部分时间住在西郊的颐和园。她干脆把常年受皇帝冷落的皇后和瑾妃都带在身边“尽孝”，留下珍妃在紫禁城里陪着光绪。对太后来说，后宫首要的责任是为皇帝繁衍子嗣。在子嗣问题上，不管是黑猫还是白猫，能生小猫的，

瑾妃

就是好猫。

在后宫，皇帝召幸嫔妃的方式有“背宫”和“走宫”之别。最无趣的是“背宫”，即皇帝晚上就寝时，太监把承幸簿呈到御前，由皇上任意挑选。然后由太监持着灯笼去召唤。被选中的嫔妃由太监领路，贴身侍女在后面护送，进入皇帝寝宫的偏殿。嫔妃在此处梳妆打扮一番，然后脱掉衣服，喊声“承幸”，再由太监背到几步之遥的寝殿。

“走宫”则全然不同，那是皇帝把妃子当作心爱之人和知己来对待。按宫中制度，皇帝处理政事的屋子严禁妃嫔入内，目的是严防后宫干政。但皇帝有时会在这里把爱妃宣来，让其陪自己聊天、下棋。这是嫔妃得宠表现。

戊戌年前，珍妃就经常享受这种待遇。她会穿上男装，脚着一双粉底宫靴，大辫子往身后一垂，打扮成一位风度翩翩的少年公子，等候皇帝的召唤。

在皇上处理政事的屋子里，她为光绪帝磨墨捧砚，陪他下下棋，谈谈诗词和书画。后来珍妃出事，慈禧太后曾下诏书申斥珍妃，其中一条罪状就是说她干预朝政、服装打扮不符合宫里规定，喜好女扮男装，属大不敬。据宫女的说法，这是隆裕皇后、瑾妃背后吃醋告发的。

在小说、影视剧里，珍妃常常被刻画成一位深明大义的刚烈女子，因支持光绪变法而触怒慈禧太后。事实上，有充足史料证明，真正让慈禧对珍妃心生恶感的，是珍妃参与“卖官鬻爵”

珍妃

之事的败露。

入宫随侍过太后的德龄就曾抱怨说，进宫当女官听起来风光体面，花销却很大，因为需要时常打点太监宫女。如果碰上太后有赏赐，还要额外给太监赏钱，有时这种花销甚至可以搞垮一个家底不丰厚的家庭。慈禧自家的亲兄弟桂祥就常被这种“恩赏”搞得苦不堪言。

每当太监带着太后赏的一幅字画、几盒糕点来到府邸，他就得一面在前头招待，一面让家眷赶紧拿家里东西从后门到当铺换银子充赏钱。“我觉得太后是故意的。”德龄猜测说。有可能太后就是为了时不时作践一下身边的人，包括自己的娘家人。

个性“庸懦”的隆裕皇后在宫中一直过得很拮据，常闹亏空，直至晚年被宣统帝尊为皇太后，才开始大肆挥霍，召戏班，修长春宫，派人采购各种来自广州、苏州的洋杂货，仿佛是要补偿前半生所有的不幸和失意。

珍妃年轻爱打扮，对下人出手尤其阔绰，宫里每个月发的300两银子的例钱很快就不够她用度了。在她的堂兄、礼部右侍郎志锐的授意下，她开始参与卖官的勾当。

监察御史胡思敬在其《国闻备乘》中记载了珍妃卖官鬻爵的大案。历代后宫信史，很少见到如此分工“到位”的卖官贪腐流水线：由志锐主谋选择目标、拉拢“客户”，串通奏事处太监打听官缺，再同内外官员沟通传达、开价收钱，最后由珍妃向光绪帝吹枕边风。

当时有个名叫鲁伯阳的财主捐过江苏的候补道，却从没有做过官。他通过志锐向珍妃行贿“四万金”，想谋得上海道的空缺。在一番运作下，光绪“超拔”了这位几近文盲的财主。

在晚清，辖管上海的道员是一个极为重要、敏感的位子。在这个华洋杂处的通商口岸，事务处理稍有不慎就会引发国际纠纷和列强干涉，非老练通达又熟知洋务的能吏不能胜任。

当两江总督刘坤一查明此人的来路和底细，很快参奏到军机处，在御史的跟进下，鲁伯阳立刻被开了缺。与鲁伯阳案几乎同时案发的，还有四川盐茶道一缺放木材商人玉铭案，河南巡抚裕宽谋福州将军职案。其中，玉铭的资格与四川盐茶道不相称，遭参奏后，也被开了缺。

数案并发后，慈禧震怒，命李莲英抄检珍妃寝宫，从中搜出一册账本，里面详细记录了买卖的官职和收受的银两。慈禧把珍妃叫到慈宁宫审讯，斥责道：“你怎么不知祖宗家法而黩货若此！谁实教你的！”珍妃虽然闯了大祸，性子却很倔强，回嘴说：“败坏祖宗家法的自有前头人，臣妾怎么敢呢，此太后之教！”

清朝自顺治朝起就有捐纳制度，即朝廷出面卖官，明码标价。到晚清因为国库空虚，卖官更是泛滥成灾，慈禧自己和她下面的大小太监也“卖各色肥缺以为常事”。

慈禧命人将珍妃“褫衣廷杖”，降为贵人，诛杀了珍妃宫里的太监高万枝。随后夺了她的堂兄志锐在热河办理团练的差事，充军发配到苦寒的遥远边塞——乌里雅苏台，同时被牵连的，还有姐姐瑾妃。到第二年，这对姐妹才又由嫔复升为妃。

据宫内所保留的珍妃脉案头看，慈禧这次下手非常狠，珍妃遭廷杖后，抽搐气闭，昏迷不醒，经急救缓解，几天后病情又突然加重。太医们的诊断记录里有“牙关咬紧”“人事不醒”“筋惕肉颤”“吐痰有黑血”“鼻涕带红”“腿膝筋脉，酸麻胀痛”等字句。

这一起宫闱“珍妃卖缺”案发生在光绪二十年（1894）十月二十八日前后，正是甲午战争吃紧，慈禧太后和光绪帝就“是战是和”有政见分歧之时。

对心爱之人所遭受的严刑，光绪帝在公开场合没有流露出任何激烈的情绪。但细心的翁同龢留意到，当慈禧数次召见军机大臣商议如何惩罚和追究这起宫闱干政事件时，年轻的皇帝都无一例外地“缺席”了。

这个大清帝国“第一家庭”内部矛盾重重：掌控欲极强、不容任何人挑战权威的强势养母，表面敬、实则惧的养子，毫无恩情可言的夫妻，彼此互生恶感的婆媳。在实行妻妾制的宗法社会里，这也许是司空见惯的现象。但是，当政局面临动荡，这个位于权力顶端的家庭，其成员内部之间的猜忌、怨念，会成为加速局面恶化的可怕催化剂。

翻看清末那些秉持正统儒家伦理的史官们留下的著作，会发现他们都有一个“共识”——自甲午之祸、戊戌之变至庚子之灾，都根源于天子家事，所谓“母子失和，夫妻反目”。

胡思敬在《国闻备乘》里就说：“自光绪元年至十八年为兄弟不和（即恭亲王和醇亲王）时代，自十八年至三十四年为母子、夫妇不和时代。终帝之身，两事相为首尾凡三十四年。自古国家之败多起于伦理，家齐而后国治，不诚信哉？”

第四章　迷雾中的『变政』和『政变』

从紫禁城到颐和园

光绪十五年（1889）二月初三，北京天气晴和，无风有云。当日，刚完成大婚的光绪帝正式“亲政”。当天，他率百官在慈宁宫向慈禧太后行礼，然后回到乾清宫，在太和殿接受群臣的祝贺。这一年，载湉虚龄 19。

如前章所述，早在两年半前，慈禧太后小范围地召见了包括载湉的本生父醇亲王奕譞在内的几位王公讨论皇帝的“亲政”事宜。太后提出，前因皇帝冲龄践阼，自己不得已垂帘听政，如今皇帝典学有成，即行亲政。根据翁同龢的日记，醇亲王先是跪求太后收回成命，同时，又示意光绪帝跪求，然未能挽回慈禧太后之意。

当日，慈禧太后下发懿旨，称在次年正月皇帝虚龄 17 岁时举行亲政大典，让光绪帝亲裁大政。该上谕称：“十余年来，皇帝孜孜念典，德业日新，近来披阅章奏，论断古今，剖决是非，权衡允当。”按照光绪帝即位时上谕中“一俟嗣皇帝典学有成，即行归政”的约定，慈禧太后决定于次年正月为皇帝选择吉期，举行亲政典礼。至于相关的事宜和“应复旧制之处”，交给各衙门根据成案奏明办理。这一道谕旨将光绪帝处理奏章的成熟程度当作他能够亲裁大政的重要依据。

懿旨颁布后的第四天，醇亲王奕譞就联合诸王公大臣合词上疏慈禧，请求太后再行训政数年，再扶少皇帝马上送一程。还提出：“宫廷政治，内外并重。归政后当永照现在规制，凡宫内一切事宜，先请懿旨，再于皇帝前奏闻。”经王公大臣一而再、再而三的陈请，慈禧终于“俯允”训政之请，但提出原定于光绪十三年（1887）的“亲政”大典仍照计划举行。

在慈禧授意下，王公大臣们为其制定了《训政细则》。该细则规定：涉及皇帝主持的礼仪庆典，均由光绪帝亲自主持；一些重要行政举措，则仍由慈禧太后在场监督；而最为核心的人事任用权及奏折批阅权，仍全部由慈禧掌控。这是一种结合了皇帝“亲政”和皇太后“听政”的特殊体制，让光绪帝处于日常的文书和政务的“训练”中，而最高决策权仍掌握在慈禧太后手中。

光绪十三年正月十五日，晴朗无风。翁同龢满心欢喜地写下了“竟日碧天无纤，入夜月如金盆，入春第一日，亦数年来第一日也”的字句。这一天，是他栽培十多年的学生爱新觉罗·载湉的亲政大典。虽然实为“训政”，但毕竟这是这位少年天子通往承担“九五至尊”天命的重要一步。

清晨四时，光绪帝先后到大高殿和供奉历代清帝牌位的寿皇殿祭拜祈福。然后回到紫禁城，在慈宁宫率王公百官向慈禧太后

光绪帝朝服像

行庆贺礼。上午九时，他在太和殿接受群臣祝贺，然后召见大臣办事。午初，则在保和殿设宴招待蒙古王公。

当天，虚岁17的光绪帝神采奕奕，坐在太和殿接受群臣祝贺，翁同龢赞叹道“仰瞻天颜，甚精采也”。翁师傅的这种赞叹，除臣子对“九五至尊”的仰俯尊崇之外，还有身为帝师的自豪和激动。

这段以“训政”为名的见习期持续了两年。在此期间，“垂帘听政”以来三十年如一日从不懈怠的慈禧太后不再每日“叫起”，而是有选择地参加重要的朝会，接见军机大臣、召见部院大臣。每到这种时候，太后都会“设纱屏为帐”，和光绪帝同在。据时任总理衙门大臣的曾纪泽的日记，每到这种时刻，局面完全由太后来引导，直接“垂询及谈论各国交涉近事”，光绪帝则在一旁默然静听。

“训政”期间，光绪帝所批答的奏折，在下发前须经太后过目、审阅；至于比较复杂的奏折，则由军机处拟订方案，然后向慈禧太后请示。在这段“见习期”，这位少年天子每每如临“大考”，格外小心翼翼。尤其是对待来自外省的奏折，他会先手加签条，令军机大臣斟酌商议，然后以此作为参考再做出自己的批答。

在“训政”结束之际，发生了一个有意思的小插曲。当时，有个叫屠仁守的御史上了一份奏折，奏请太后仿效乾隆帝和嘉庆帝权力交接过渡的先例，在“归政”之后继续“训政”，并提出，等归政后，外省密折、廷臣封奏，仍书“皇太后、皇上圣鉴，俟慈览后施行”云云。

屠仁守所援引的先例，即乾隆帝和嘉庆帝这一对父子的权力交接故事，是有关皇权过渡最值得琢磨的经典案例。皇帝是一种终身制的职业。在中国历史上，手指头数得过来的几位“太上皇”，要么是被儿子逼退位、在半监禁状态中等待老死的，如唐朝开国皇帝李渊、唐玄宗李隆基；要么是“创一代”的父亲，譬如汉高祖刘邦的父亲刘太公，不过是皇帝彰显其“仁孝”姿态的摆设。但是，大清王朝历史上最“福大命大造化大”的乾隆皇帝真是自己主动退下来的。

乾隆六十年（1795），历经清王朝极盛时期的乾隆帝在龙椅上坐满了一个甲子后，宣布传位给皇储——皇十五子颙琰，即嘉庆帝。禅位之后，这位已85岁的太上皇依然退而不休，继续居住在养心殿，以“训政”名义掌控朝政。除了把自己不喜欢应付的各种祭祀、礼仪活动推给了儿子，“军国重务仍奏闻，秉训裁决，大事降旨敕”。当时，连宫中的时宪历仍用乾隆年号。

“训政”期间，已近四旬的嘉庆帝在强势老父面前“恭谨无违”。一直等到这位太上皇三年多后寿终正寝，嘉庆帝才真正大权独揽。据说，嘉庆元年（1796）正月，“归政”大典刚刚办完，这位“十全老人”在圆明园召见属国使臣，很直截了当地告诉他们：“朕虽然归政于皇帝，但大事还是我办。”

据《清史稿》记载，慈禧太后看到屠折后“大怒”，摆出了相当决绝之姿态。她当即下懿旨，称自己垂帘听政乃不得已之举，“深鉴前朝弊政，立志坚定行之”，以“该御史所奏乖谬，撤去御史，交部议处”。等吏部后来议以“革职留任”处置，她又以“徇私欺蒙”之罪将吏部堂官及承办司官一同惩处，并直接下令将屠仁守革职，永不叙用。当时京中同僚们讥讽屠仁守这回马屁是拍到了马腿上。

这道懿旨下发的第二日，翁同龢在养心殿受太后召见。提及屠仁守之折，太后“语次涕零”，并带着女性特有的柔情款款道来：“吾心事伊等全不知”，“吾不敢推诿自逸，吾家事即国事，宫中日夕皆可提撕，何必另降明发”，“吾鉴前代弊政，故急急归政，俾外人无议我恋恋”。

那么，叶赫那拉氏的“归政”，真只是一种故作姿态的表演吗？

公允地说，这种“决绝”的姿态里确实有真诚的部分。在历史上，叶赫那拉氏的确以贪恋权位著称。但为大清国政事操心了近三十年，和政敌、盟友、官员、洋人等各方力量斗智斗勇斗狠，这位刚强老太的心头也不时泛起一丝丝厌倦之意。自光绪十年（1884）起，她就开始把部分心思以及户部的银两挪到修建自己的退养之所颐和园上。

她已是近知天命的年岁，尽管头脑灵敏得让朝臣们在召见中每有如芒在背之感，精力充沛得让许多处于青壮年的宫女太监自愧不如，但手中的权力终有要交出去的一天。这只是一个时间问题。自始至终，叶赫那拉氏只把自己视作一个为祖宗看守江山的人，不曾流露出一丁点儿要取而代之的念想。

事实上，自光绪九年（1883）正月起，慈禧太后就开始有意识地让小皇帝接触政务，练习批答奏折和接见朝臣。在这种“手把手”的教学场合中，军机大臣们会把奏折呈请光绪帝浏览，然后请他复述太后对每一奏折的处理意见。与此同时，他的书房功课里也多了“批答奏折”这一项学习内容。等到光绪十五年（1889）正式“归政”后，慈禧太后大部分时间都住在西郊的颐和园。如果没有特别重大的事，譬如咸丰帝、同治帝的生日或忌日，她很少回北京城。

但另一方面，她也的确对权位死死不肯放手。和任何一个年岁渐老、精明强悍如故的当家人一样，这种不肯放手，既有对后辈接班人能力、判断的“不放心”，也有享受过呼风唤雨之后对权力的那种深入骨髓的“瘾头”。古今中外都有很多这样的例子，强人们一旦离开权位，精神和肉体会在短时间里迅速地老去。

对叶赫那拉氏而言，权力到底意味着什么？是保全自己地位和安全的一把利器，还是其他什么东西？

据宫女太监们的回忆，这是一个精力异常旺盛的女人，每天心里头考虑那么多军国大事，照样抽出时间享受生活。慈禧很会享受，个人爱好也很多：画画、写字、听戏，指导宫女们制作化妆品，养花、养鸟、养猫……一个如此生龙活虎的女子，自 26

岁起守寡，一生大部分时间都困守深宫，她是如何度过这漫长难熬的岁月的呢？她的近身宫女何荣儿曾说，太后在宫里能够消磨时间的正经事，就是看奏折。一到孤独寂寞最难熬的时候，就用看奏折来打发时间。

同样公允地说，亲政后的光绪帝也并非是一具“提线木偶”，尽管他所握有的权力相比他的列祖列宗们打了很大的折扣。

近代史学者茅海建先生对戊戌政变前后的军机处文件、内务府档案进行过研究。他认为，光绪帝自光绪十五年至戊戌政变前的“亲政”，是一种结合“事后报告”和“事前请示”的制度。

自慈禧“归政”之后，光绪帝每日单独出席早朝，有朱批和口谕的权力。但在事后，他必须要向慈禧太后报告。军机处每日则向慈禧太后呈报前一天的“早事传旨事由单”，慈禧通过此类简报，大体上了解京内各衙门上报的政事和光绪帝的处理意见。如果碰到重要的奏折以及相关决定，皇帝在当日必须将原件呈到慈禧那里并报告处理意见，且要上报全部材料的原件。

另外，大清的中枢权力班子——军机处、内阁、总理衙门，都是慈禧太后定的人选。其他稍微重要的职位、差事，光绪帝须先请示太后，然后才做出决定。对各部尚书、侍郎缺出等较为程式化的，以及各省藩臬缺出，按资级应升、应署的，先由军机大臣根据惯例开单，然后供光绪帝参考、决定。

茅先生将之总结为：整个朝廷须向光绪帝负责，而光绪帝则向慈禧太后负责。形象地说，这就像一家巨型的家族企业，光绪帝是总经理，慈禧太后是董事长，总经理须要向董事长汇报，而决策权、重要人事任免权依然牢牢地把控在董事长手里。

在“家天下”的儒家政治伦理中，“皇帝—太后”这种权力格局又以“仁孝”的面目呈现。

自光绪二十年（1894）起，名义上已“退居二线”的慈禧太后大部分时间居住在位于西郊的颐和园里，光绪帝则住在紫禁城或西苑，两处相距约 15 公里。据《清代起居注册》，光绪帝时常要去颐和园请安。当朝天子往来奔波请安的时长和辛苦，远甚于今日京、沪的上班族。

每次去颐和园，光绪帝乘轿子出神武门，经西安门出西直门，在倚虹堂稍事歇息，然后坐轿由石路至颐和园东宫门。回程则相反，来回需要花费近三小时。

除了请安，光绪帝还要在颐和园陪慈禧太后用早膳、晚膳和看戏，是为“侍”。陪“亲爸爸”看戏也是一桩苦差事。慈禧太后是个骨灰级戏迷，每当她要看戏，颐和园里常常会持续演上好几天。此外，光绪帝见慈禧要下跪，慈禧每次来宫中或西苑，他都得跪接跪送，慈禧可以向光绪帝直接下旨。在清宫官方文书中，有时还会出现这样的记载——“朕钦奉……皇太后旨意”。

等“亲政”后，这位少年天子急迫地期待能有所作为，他的“勤勉”超过了列祖列宗。

虽然常被后人打上昏庸、腐朽的标签，清朝的皇帝们其实是有勤政传统的。康熙帝每日清晨 5 点即在乾清宫或勤政殿进行早朝，听各部官员奏事，并当场裁断，是为“御门听政”。自雍正朝起，“早朝”的重心转变为皇帝在军机处协助下的奏折处理。皇帝们一般早上五六点开始处理政事，精力旺盛的乾隆帝直到晚年仍保持着每天早上5点办公的习惯。

唯一例外的，是同治帝。在仅一年半的亲政时间里，这位叛逆少年似乎有心和祖宗们的传统对着干，对早朝、政务极为敷衍，常常积压大量奏折，留中不发，让等待“圣裁”的军机大臣陷于十分不安的境地。

光绪帝的勤勉，不光区别于他的堂兄，还超过了前代的帝王们。据军机处档案和官员们的日记，他给自己定下了极为苛刻的时间表。每天凌晨两点半开始批阅奏折，4点左右发下奏折，然后召见军机大臣，接见轮班值日部院堂官。碰到有需要出宫办事的日子，譬如进香或是要去颐和园向太后请安，甚至会在漏三刻（凌晨）即起。

这也带动官员们不得不把“上班”时间表往前拨了两三个小时。军机大臣们凌晨3点之前就入值，有召见的官员则必须更早就在宫外等待。戊戌新政期间，光绪帝当时在颐和园召见康有为、张元济等低阶维新派官员，同日召见的还有李鸿章，他们不得不于前一夜凌晨就在颐和园外候着。

光绪帝“亲政”一个月后，忧心忡忡的醇亲王还专门为之上了一道奏折，搬出了光绪帝的祖父道光帝、伯父咸丰帝的例子，建议他视朝不宜过早，理由有三：过于劳碌，非调养之法；

老臣们过于辛苦；官员们入宫太早，给宫禁看守造成困扰。他甚至希望慈禧太后能出手干预，督促皇帝恪守惯例。

老父亲的这番苦口婆心，年轻的皇帝似乎并没有听进去，根据军机处、总理衙门的官员写的日记和笔记，皇帝勤勉依旧，大臣们跟着辛苦依旧。

这位性格容易冲动的少年天子急迫地希望自己有所作为。毕竟，他过去十多年被灌输的所有教诲和圣训，都是让他学习如何成为一位贤明、伟大的帝王。

就像任何一家处于代际交接阶段的家族企业，此时朝堂中出现了所谓的“帝党”和“后党”之分。后人常以为所谓“帝党”，是进步的，支持维新和变法；“后党”则是守旧、落后的，是维新变法的敌人。

其实，这种划分与历史的真相相去甚远，也妨碍我们理解光绪年间何以发生一系列如此云波诡谲的政治变故，以及这位少年天子的真实处境和他相应的一系列行动与选择。

譬如被视作“帝党”一派首席大佬的帝师翁同龢，他实为旧式鸿儒、理学名臣，于时务、洋务皆不通，对外部世界缺乏认识，常对新兴的洋务运动施以掣肘，被后人认为是“君子误国，有甚于小人”的典型。

譬如时任直隶总督兼北洋大臣的李鸿章，常被人划为“后党”，但正是他和恭亲王奕䜣等清廷开明人士携手合作，一同开启了晚清持续三十多年的洋务运动，也是大清朝中“开眼看世界”的领军人物。

戊戌政变后，有言官弹劾李鸿章，说他是“康党”。当时，慈禧拿着折子逼问，他坦然回答说：“臣实是康党，废立之事，臣不与闻，六部诚可废，若旧法能富强，中国之强久矣，何待今日。主张变法者即指为康党，臣无可逃，实是康党。”

若对“戊戌新政”前朝中政治势力进行一番梳理，所谓的“帝党”和“后党”大致如下：

“帝党”最核心的成员，是翁同龢及其门生弟子，包括志锐、文廷式、汪鸣銮、张謇等名士。他们或是和光绪帝关系非常亲密，或是和皇帝身边最亲密的人有着某种关联。其中，翁同龢是教授光绪帝二十余年的师傅，志锐是珍、瑾二妃的堂兄，文廷式则是珍、瑾二妃儿时在广州居住时的老师，汪鸣銮则是翁门的主要干将。

他们都属于“清流党”，以扳倒“浊流”李鸿章为政治目标，基本无实际外交、军事和政务经验。在甲午战争中是坚定的主战派，战败后又暗中组织运动官绅上书反对清廷在《马关条约》上签字，并主张严惩甚至处死李鸿章。

张荫桓——总理衙门大臣，深受光绪帝信赖，为人机敏练达，以非科举“正途”跻身京堂要职。他长期从事外交和洋务活动，对西方社会有较全面的考察和认识。光绪帝极为信任张荫桓，常常召见他，命他讲述西方见闻和富强之道，因而被视作皇帝面前的“大红人”，但又为慈禧所厌恶。

张氏和康有为同为广东南海人，正是张和翁同龢向光绪帝举荐了康有为。有越来越多的史料证明，张是戊戌新政的“幕后大人物”，在很多关键事件上都起到穿针引线的重要作用。

王照、张元济、黄遵宪等一大批有维新变革思想的青壮年低阶官员、士人，他们对以慈禧为核心的老旧官僚执掌下的政治现实不满，渴望光绪帝早日真正掌握大权，效法东邻日本的“明治维新”，更为迅速、彻底地推进变革，使中国尽快摆脱将要亡国的处境。

“后党”成员——朝中大多数高层官员和封疆大吏，他们的背景、政治立场更为复杂：有极端守旧的徐桐、刚毅等高官；唯慈禧马首是瞻、无自己明确政见的礼亲王世铎、庆亲王奕劻等人；还有城府极深、极具干才的实力派官僚荣禄。

荣禄被视作慈禧的心腹，但他其实暗中颇有自己的决断和大局观，既是慈禧发动“戊戌政变”的主要支持者，又是以谋略设法说动慈禧，保住了光绪帝位之人，并在“庚子之乱”中成为唯一顶住极端保守派压力的枢臣。在一些野史外传里，有说荣禄是慈禧太后在进宫前的初恋情人。

处于“中间地带”的重臣疆吏，包括洋务派实力官僚李鸿章、张之洞、刘坤一等人，他们认同“中学为体，西学为用”的理念，希望稳健地推行改革，把国家逐渐带向富强之路，对任何激进的、有违儒家正统的“异端邪说”都没有好感。他们基本依照自己的政见、官场经验和对大局的判断来做选择，既支持由太后来稳定朝局，又态度坚决地主张维护光绪帝的帝位。

在光绪帝的“亲政”岁月中，朝廷高级官员的任免权全部掌握在慈禧太后手里。为了维护自己这一派的人，光绪帝有时也会偷偷地“反抗”，私下搞一些小动作。

一次是光绪二十四年（1898）三月二十五日，安徽布政使于荫霖弹劾属于“帝党”的翁同龢、张荫桓，罪名是办理胶州湾事件的失误。光绪帝收到该折后，朱批“留中”，随后扣押了这一份奏折，没有按“归政”时的约定，将当日重要奏折和原件由军机处上呈慈禧太后。一次是戊戌年，潘庆澜上折弹劾康有为发起的“保国会”。另一次是戊戌年七月二十日，新政热潮中，湖南举人曾廉上折弹劾康有为、梁启超大逆不道。以上奏折均被光绪帝留中。

大清王朝 1894

光绪二十年（1894），中日甲午战争爆发，由慈禧太后和恭亲王奕䜣、曾国藩、李鸿章等洋务派官员共同开创的“同光中兴”局面戛然而止。这一年，朝鲜王国内部爆发东学党起义，政府军节节败退，朝鲜于是向清朝乞援。一直渴望在亚洲扩张势力范围的日本借此为题，对中国发动了战争威胁。

自 1853 年“黑船事件”开始，德川幕府治下的日本也遭受了被西方舰炮强行打开国门的屈辱，并被迫和列强签订了一系列不平等条约。内忧外患下，日本国内矛盾迅速激化，最终爆发了“倒幕运动”。

1868 年，16 岁的明治天皇即位后，建立新政府，在维新派志士们的推动下，兴起了一场学习西方、发展资本主义的现代化改革运动，是为“明治维新”。

“明治维新”是日本历史的重要转折点。此后二十多年，日本国力日渐强盛，先后废除了幕府时代与西方各国签订的一系列不平等条约，重新夺回了国家主权，并迅速成长为亚洲强国，乃至跻身世界强国之列。随着经济、军事实力大增，日本也由此走上了对外侵略扩张的军国主义道路。

面对日本以朝鲜内乱为由对中国的频频挑衅，清廷分成了两派：一派是以户部尚书、“清流党”首领翁同龢为核心的“主战派”，其中以翁门一系的文廷式、志锐和张謇为骨干。翁是教育、陪伴光绪帝二十年的师傅，志锐为珍妃堂兄，文廷式为珍妃的老师，都是人们眼中的“帝党”。

另一派是慈禧太后和掌管北洋水师的李鸿章，他们试图与日本通过谈判和平解决争端，避免开战。李鸿章更寄希望于美、英、俄等欧美列强调停，让日本从朝鲜撤兵。

在翁同龢的影响下，年方 23 岁的光绪帝坚决主战，主战势力在朝中占了上风。当年六月十三日，光绪帝下令“主战派”的翁同龢、礼部尚书李鸿藻等“清流党”参与军机处事宜，与诸军机大臣会商中、日、朝争端，同时下军令状要求李鸿章立刻出兵朝鲜。身为北洋水师的创立者和当家人，李鸿章自知“家底”——曾是亚洲排名第一的北洋水师表面看着光鲜，内里却是虚的。

北洋水师是由李鸿章一手倡导、筹备和建立的近代化海军。中法战争期间，清廷深受法国舰队在福建海域横行无忌的刺激，加快了对海军的投入和建设，设海军衙门，每年拨出 400 万两白银，陆续从国外购入巡洋舰和鱼雷艇。据 1888 年的《美国海军年鉴》记载，北洋舰队实力的排名是亚洲第一、世界第九。

但自1888年正式建军后，北洋水师就再没有增添任何舰只，舰龄渐渐老化，与日本新添的战舰相比，火力弱、射速慢、航速迟缓。到1891年以后，甚至连枪炮弹药都停止了购买。这一是因为海军的军费被慈禧太后大量地挪去修她的晚年居所——颐和园，二是遭到了户部在拨款上的克扣和刁难。

翁同龢频频施压逼李鸿章出兵，除了“清流党”的政见和道德立场外，也有借此公报私仇之嫌疑。翁同龢和曾国藩、李鸿章师徒有一段持续数十年的私人恩怨。

常熟翁家是道、咸、同、光四朝累任高官的名门世家。翁同龢和其父亲翁心存、长兄翁同书皆为晚清重臣，而翁心存、翁同龢父子又为同、光两朝帝师，故当时有一门四进士、一门三巡抚、父子大学士、父子尚书、父子帝师等说法。

咸丰九年（1859），翁同龢之长兄翁同书时为安徽巡抚，当时定远为捻军和太平军围困。翁同书弃城逃跑，退到寿州。次年，太平军又围攻寿州。团练苗沛霖因与其他团练仇杀而背叛清廷，和太平军一起攻寿州。翁同书为联合苗，答应其条件，将他仇家的首级交付给苗。结果苗沛霖见目标达成，反悔不降。最终，寿州又失守。

局势危急，翁同书又连铸大错，令时任两江总督的曾国藩极为光火。他于是上了一道弹劾翁同书的严折，称其丢失疆土在先，受贼玩弄继后。由于翁家父子四朝为清廷高官，其父翁心存又是同治帝的师傅，曾氏的奏折中有“臣职分所在，例应纠参，不敢因翁同书之门第鼎盛，瞻顾迁就”之句，笔笔刀刃，诉诸大义，让官场中人无法为之维护说情。

据传，这份词锋里带着杀气的奏折是时在湘军中作为曾国藩幕僚的李鸿章代拟的。果然，翁同书按《大清律》立刻被下斩监候，第二年改判为流放新疆，1865 年在新疆病死。其父翁心存也在为长子身家性命的担忧中“急病死”。父兄的“夺命之仇”，更兼“清”“浊”政见立场分歧，翁同龢和李鸿章此后几十年势同水火，成为晚清政坛上一道特殊景观。

等光绪帝“亲政”后，身为年轻皇帝最信赖的师傅，翁同龢在朝中的势力也越来越大。到甲午战争前后，翁同龢的权力、地位也逐渐达到个人的顶峰。

翁同龢出任掌管财政的户部尚书后，处处为难李鸿章，经常以各种理由克扣北洋水师军费开支。1890 年，他干脆又以海军规模已具和国家财政困难为由，请求停止海军向国外购买军火。1891 年起，这支原本亚洲排名第一的近代海军就再也没有购置过炮弹。

与此同时，崛起中的日本一直密切关注着中国的军事力量发展，但在之前挑起的冲突中，都输给实力更胜一筹的清军。自 1890 年后，日本拿出国家财政收入的 60% 来发展海军、陆军。1893 年起，明治天皇决定每年从自己的宫廷经费中拨出 30 万元，再从文武百官的薪金中抽出十分之一，补充造船费用。举国上下士气高昂，以赶超中国为奋斗目标。

甲午战争爆发后，翁同龢又请调和李鸿章有矛盾的李秉衡出任山东巡抚。李秉衡处处和李鸿章作对，以各种借口不发援军，以致刘公岛孤立无援。经历了悲壮的抵抗后，北洋水师最终全军覆没。

据胡思敬《国闻备乘》所录，中日开战之后，翁同龢曾问李鸿章战事，李鸿章当场"怒目相视，半晌无语"，反问道："师傅总理度支，平时请款辄驳诘，临事而问兵舰，兵舰果可恃乎？"翁同龢答："计臣以撙节为尽职，事诚急，何不复请？"李鸿章道："政府疑我跋扈，台谏参我贪婪，我再哓哓不已，今日尚有李鸿章乎？"翁同龢为之语塞，回京以后，再也不敢言战。

平壤战役和黄海战役相继失败后，当年9月底，慈禧太后再次起用"奉旨养病"已长达十年的恭亲王奕䜣。1895年3月，又命李鸿章为全权大臣奔赴日本马关，与日本首相伊藤博文、外务大臣陆奥宗光进行停战谈判。

在日本的咄咄相逼下，中国被迫承认朝鲜"完全无缺之独立自主"，将辽东半岛、台湾岛及所有附属岛屿（包括钓鱼岛）、澎湖列岛割让给日本；"赔偿"日本军费白银二亿两；开放沙市、重庆、苏州、杭州四地为通商口岸……后因俄国联合法、德两国施压，日本被迫宣布放弃辽东半岛，但要中国另付白银3000万两将其"赎回"。

经甲午一战，日本一共向中国勒索了两亿三千万两白银。光绪二十一年（1895），军机大臣孙毓汶拿着李鸿章从天津送来的和约稿本，与恭亲王等人上呈给光绪帝，慈禧太后也指令必须批准和约。光绪帝“绕殿急步约时许，乃顿足流涕”，最终在《马关条约》上签了字，并在第二天“和约用宝”。

甲午战败，对中国朝野震动之大，不亚于一场十级海啸。一是巨大的屈辱感，二是震惊于昔日邻邦小国短短20年间国力崛起如斯。

这一年恰逢甲午科举年，来自全国各地的几千名举人聚集京城，参加选拔进士的会试。当《马关条约》的谈判消息传到京城，京城官员和在京应考的各省举子们群情激愤，他们纷纷组织联名上书，强烈反对割地、赔款，形成了一边倒的反对之声。

四月十六日，和日本方面在烟台换约之后，光绪帝下发了一道用朱笔写就的谕旨，交大学士、六部九卿、翰詹科道于次日赴内阁同看。

在这份朱谕里，光绪帝解释说明自己批准《马关条约》的原委，对廷臣们上奏反对签约、割地、赔款，甚至提出废约决战之议，肯定为“发于忠愤”之举，但“未能深悉”自己的苦衷。

他然后解释了原因：其一是仓促开战后，战无一胜；其二是关内外情势吃紧，对宗社、陵寝构成威胁；其三是“慈闱颐养”；其四是天津海啸，使得再打下去战守更难措手。自己为之“宵旰彷徨，临朝痛哭”，反复权衡以后只能两害取其轻，他希望得到天下臣民谅解。然后，他提出了战后改革的心志——“嗣后我君臣上下，惟期坚苦一心，痛除积弊，于练兵、筹饷两大端，实力研求，亟筹兴革，毋务虚名”。

据翁同龢的日记，这份内容沉痛的诏书应为光绪帝亲拟。虽然规定不准抄录携出，但这份朱谕很快就在京城官员、士子群体里流传开来。光绪帝这份情辞恳切的朱谕下达并传播后，的确起到了平息争议、统一人心的作用。京城官员士子的舆论风向，从反对签订《马关条约》、要求严惩李鸿章，转向了战后改革。

在南书房翰林张百熙的建议下，光绪帝于闰五月十三日降旨，要求各部院堂官及各直省将军、督抚保举人才，以求“其有奇才异能，精于天文、地舆、算法、格致、制造诸学，必试有明效，不涉空谈，各举专长，俾资节取”。决心振作精神、一洗前耻的光绪帝也有意推动之。到闰五月二十日，他把自己认为最重要的九份改革奏折下发各省督抚，命他们商议讨论。

在这些倡议改革的方案里，有一份由广东进士康有为的条陈——《为安危大计乞及时变法呈》，即后来被“康党”称为的《上清帝第三书》。

这份条陈共15000多字，建策分为三部分：富国，养民，社会改革。值得注意的是，康有为提出了设立一种类似皇帝咨询员的职务——“议郎”。到戊戌新政期间，这一构想又被康有为发展成为“制度局”、开懋（mào）卿殿等理念。客观地说，这份条陈上的建策听起来让人内心澎湃，但一落到具体实施层面，很难操作。然而，它使得在该年刚中进士、分发到工部学习的康有为一下子获得了极大的政治声名。

甲午战败，对光绪帝是一次严重的打击。

这场战争的失败，充分暴露了年轻天子的急躁，缺乏政治和军事经验，以及对外部世界的知识储备严重不足。从最初的积极主战，严词催逼李鸿章将北洋水师投入海战，开战不顺后又下令调动清军中最精锐的部队来封堵日军跨过鸭绿江的进攻，并频频以“严惩”“军法处置”来恫吓前方将士，再等到后来一连串战败消息传来，真正意识到“敌强我弱”的残酷现实后又章法大乱，慌忙催李鸿章赶紧议和。

与之相比较，和列强们打了数十年交道的李鸿章和慈禧太后明显都要谨慎和理智得多，虽然他们也承受着极大的舆论压力。如青年学者羽戈所言，其实自鸦片战争以来，中国几乎所有对外战争，都深陷一大困局，借用胡兰成之言，即“战难，和亦不易”。“战难”，是由于国力不如人；“和难”，除了列强欲壑难填，还得直面朝野清议的压力。

当时积极制造舆论攻势、并鼓动皇帝决意和日本开战的，主要是光绪帝的老师翁同龢及其门下的名士文廷式、汪鸣銮等人。待到甲午战败的第二年，光绪帝忽然下发一道谕旨罢免两位翁门大将，一时间令京城官场流言四起。

该年十月十七日，光绪帝颁下谕旨，将户部右侍郎长麟、吏部右侍郎汪鸣銮革职“永不叙用”，罪名是“上年屡次召对，信口妄言，迹近离间（两宫）”。简单地说，二人的罪状是甲午战争期间在光绪帝面前散播不利于慈禧太后的言论，挑拨离间皇帝和太后的关系，而两人都为翁同龢的门生。

当时，新上任的日本驻华公使林董在发给外务省长官的政治情报中，详细地汇报了有关这起罢官驱逐事件的内情。他的消息来源于中国国内报章及京城官场的传言，“于种种风说之中，取其最可信者来考虑”。

据林董报告，汪、长二人“离间两宫”的主要罪状有两条：

一是甲午战争期间，日本军队攻陷旅顺口后，翁门的汪鸣銮与长麟把一切罪责都归于李鸿章，奏请皇上必须处死李鸿章。但慈禧太后认为，李鸿章纵有责任，但他向来为国尽忠，所立之功亦不算少，不应突然处以严刑。当时，光绪帝与太后意见相同。汪、长二人于是向皇帝奏道：目前正值皇帝乾纲独断、万机归一之际，各事亦不容太后再置喙。

二是户部管理的海军军费亏空数百万两之事败露，光绪帝追问彼时再次复出执掌中枢的恭亲王，恭亲王说自己不知情。他于是想找主事的户部官员来追查。汪鸣銮、长麟等臆测皇帝欲知其真相，便上奏说，这些银两已奉太后懿旨用在颐和园万寿山宫殿的修建上，“故今更无特别检查之必要”。

林董认为，二人之所以到现在受惩罚，应是和宫闱纠葛有关。光绪帝和皇后夫妻不和，独宠珍妃，而珍妃又为慈禧所恶。甲午年时，珍妃因向光绪帝举荐自己的老师文廷式，并插手朝廷人事任用，遭太后廷杖。此事自然招致皇帝对慈禧太后的反感。

但他认为，汪、长二人是选错了和皇上说这些话的时机。如果在前一年，皇帝因珍妃受廷杖之责和太后之间有不快，那他们如此进言，皇帝听了表面不悦，但内心会很高兴。但是，如今皇帝和太后和好如初，“相亲相爱如故”，珍贵人也复位为妃。皇帝于是就迎合太后之意，遂下令将汪、长二人革职，永不叙用。

此事被视作慈禧太后对所谓“帝党”翁门势力的一次重要打击。林董还进一步预测，翁门一派的权力可能会由此慢慢衰颓，李鸿章很可能会逐渐恢复势力，东山再起。

等到光绪二十二年（1896）二月十六日，御史杨崇伊弹劾“翁门六子”之一、珍瑾二妃的老师文廷式，揭发说甲午战败后的京中官员、举人们群起上书反对《马关条约》，他是幕后的运作者。慈禧闻之大怒，次日就将文廷式革职，永不叙用。

如此，慈禧先后驱逐了汪鸣銮、文廷式、长麟等翁门弟子，又强撤上书房，其矛头主要针对的是翁同龢。于公，她担心翁同龢利用光绪帝的信任和依赖培植党羽，并借助“书房独对”绕开军机处揽权；于私，她绝不允许有人对光绪帝有超越自己之上的影响力。

甲午战败，对年轻的光绪帝的刺激非常大。据杨锐（“戊戌六君子”之一）的女婿苏继祖所著《清廷戊戌朝变记》载：甲午战败后，皇帝“日夜忧愤，益明中国致败之故，若不变法图强，社稷难资保守，每以维新宗旨商询于枢臣”。

年轻的皇帝强烈地意识到自己对外部世界的茫然无知。他开始大量地阅读有关西方和东邻日本如何崛起的书籍。

这一年，江苏布政使邓华熙向光绪帝上呈郑观应所著的《盛世危言》，光绪帝读后“嘉赞不已”，做了朱批，并下旨“饬总署刷印二千部，分送臣工阅看”。1898 年 2 月，为了解日本明治维新的经验，他又命大臣呈上黄遵宪的《日本国志》以及冯桂芬的《校邠庐抗议》。

根据翁同龢的日记，在甲午年前，光绪帝阅读的书籍中以经书和史书居多，包括“圣训”“格言”、唐诗、书法等。但到甲午以后，他的阅读书单被大量介绍西方政治、历史、地理的书籍所占据，包括王韬的《普法战纪》、黄遵宪的《日本国志》、李提摩太翻译的《泰西新史揽要》，还有中国学者撰写的变法革新方案，如梁启超的《变法通议》、陈炽的《庸书》、汤寿潜的《危言》、冯桂芬的《校邠庐抗议》。其中，《校邠庐抗议》是较早论述中国社会变革方案的书籍，光绪帝读后认为此书“最切史事”，专门挑选了六篇装订成册，以备参考。

光绪帝还对报纸这一维新派人士用来“通西情”“开民智”的新兴舆论工具极为关注。在戊戌年召见维新派人士严复时，光绪帝谈起严发表在《国闻报》的文章，还问他自己最满意的是哪一篇。

对那些熟知洋务、通中外之情的臣子，光绪帝尤为器重，求贤若渴。多次出使西洋、熟悉外情的张荫桓逐渐成为皇帝面前的“大红人”。

张荫桓在“戊戌变法”中的角色和作用，长期被遮蔽和低估了。在很多事件上，他是隐藏在幕后的关键人物。因他的举荐和联络，身为底层书生的康有为和光绪帝之间才有了秘密“通路”，并得以对光绪帝有所影响。虽然，这种影响被康严重夸大了。

据康有为《我史》，中日合约谈判的消息传出后，1895 年 5 月 2 日，他率梁启超等人，联合在北京参加会试的各省举人一千二百多人于松筠庵集会。他们联名上书光绪皇帝，强烈抗议签订《马关条约》，并提出迁都内地、练兵抗战、变法图强等要求，史称“公车上书”。

近年来，姜鸣、茅海建等近代史学者陆续对康氏的说法提出了疑问。

2005 年，茅海建研究了中国第一历史档案馆所藏档案和已公开发表过的档案文献后得出结论：所谓的“公车上书”，有两个不同的概念，一是由翁同龢、李鸿藻等主战派授意，文廷式等京官暗中策划的，由梁启超、陈景华等公车直接参与组织的上书，其数量多达 31 件，签名的举人多达 1555 人次，且上书已达光绪案前。其内容主要是劝阻光绪帝在《马关条约》上签字。

另一次，是由康、梁组织的 18 行省举人联名上书，那是一次流产的政治事件。根据当初与会者的笔记，因为传来条约已签订的消息，“闻局已经大定，不可复救”，“议遂中寝”，康有为并没有将文书呈送上去。

学者姜鸣评价说，尽管康有为未曾“上书”，但他所写的这篇文字，仍然是当时所有反对和约的文件中最精彩、最有分量的。

这几位以澄清天下为己任的中下层士子毫无实际的政治经验，却是天生的宣传鼓动家。他们应运而生，不久后将成为搅动天下的“造时势者”。

迷雾重重的“百日维新”（上）

光绪二十三年十月初六，西历1897年10月31日，是西方的万圣节。在鲁西南地区传教的天主教圣言会德国神父韩·理加略因为工作进展不顺而心情沮丧，神父薛田资便邀请他来自己主理的巨野县磨盘张庄教堂小聚，顺便一起进行万圣节的祝祭仪式。

当时还有一位在阳谷县传教的神父能方济也参加了聚会。当晚，薛田资把自己的卧房让给两位客人留宿，自己住到了教堂看门人的房间。

11月1日午夜，教堂里突然冲进来一群来历不明的人，他们打着火把，径直冲进薛田资的住处，将屋内的韩·理加略和能方济乱刀砍死，随后到教堂的各个房间搜查。村里的教民闻讯赶来，这群人匆匆离去，薛田资神父这才幸免于难。

事发后，当地官府迅速了结此案，抓了一些当地的流氓土匪，以及与教会、教民有仇隙的游民，以“起意行窃、强盗杀人”定案。

但是，无论是当地乡民还是薛田资神父本人都不信服这个结论。薛田资相信，是附近一个和他有矛盾的庄长勾结当地大刀会策划的这场谋杀。在当地还流传着另一种说法，有个叫刘德润的绿林人士因与巨野县捕头有怨，于是纠集了一些大刀会成员杀掉外国神父报复，目的是让捕头和县官都升不了官。

此为近代史上的“巨野教案”。教案发生的第三天，正在意大利休假的圣言会中国主教安治泰收到消息后立刻前去柏林，向德皇威廉二世建议：“如果德意志帝国真的想在东亚取得一个属地，并重新巩固我们几已扫地的威信，这将是最后一个机会。”其实根本无需他的建言，德皇在前一天已得知消息，并公开炒作他对此事的愤怒。

威廉二世的“愤怒”蓄谋已久，他其实一点都不关心这些“天国仆人”的生死安危。在甲午战争期间，德国就多次向清廷提出租借胶州湾的要求，遭到了清政府总理衙门的拒绝。威廉二世因此和外交部密电德国驻京公使，要求他特别留意研究，一旦有可寻衅的机会出现，立刻电告回国。

“巨野教案”发生后，德国以此为借口迅速派出远东舰队占领胶州湾，然后逼迫中国签订长达 99 年的租借条约。俄、法、英三国眼红于德国在华势力的扩张，也趁火打劫，随之向清廷提出了租借大连、广州湾、新界、威海的要求。其间，又发生了俄、英两国争夺对华借款权的事件。

甲午战败以来“亡国”的危机感再一次升级，国内士情激荡。光绪帝三下诏书，向朝野“求贤”，令各级大吏保举军事、

列强瓜分中国漫画（中间双手持刀者为德皇威廉二世）

政治、外交人才。这使得只有六品虚衔的“工部学习主事”康有为获得了政治上的机会，以独特的身姿跃入政治舞台，成为推动晚清政局走向不可测局面的“造时势者”。

光绪二十四年（1898）四月二十三日，慈禧太后和光绪帝一起召见枢臣，当日下达《明定国是》诏书，“戊戌变法”正式开启。

八月初四，常居颐和园的慈禧太后突然返回京城西苑。初六，内阁以光绪帝名义发布诏书，宣布太后再次临朝“训政”。随后，清廷下令捕杀在逃的康有为、梁启超并逮捕谭嗣同、杨深秀、林旭、杨锐、刘光第、康广仁、徐致靖、张荫桓等人。十三日，“戊戌六君子”在菜市口遇害。康有为、梁启超等人在英国领事馆人士的护送下逃亡日本。

这就是近代史上著名的“百日维新”和“戊戌政变”。百年来，关于这段历史的书写，人们大都以康有为、梁启超留下的大量著作、述说为主要史料依据。

在康、梁提供的故事版本里，因为光绪的“新政”激怒了顽固守旧的慈禧太后，慈禧由此计划借和光绪一同到天津阅兵之际，乘机废掉光绪帝。光绪于是托杨锐带给康有为“衣带诏”，向他们求“密救”。然后，谭嗣同夜访袁世凯，出示光绪的“衣带诏”，策动他发动军事政变“围园劫后”。袁世凯立即向太后告密。随后慈禧发动政变，囚禁光绪帝，百日维新失败。

然而，已有越来越充足的史料证明，对于“百日维新”和

"戊戌政变"，核心人物康、梁对过程、原委、诸多事件的当事人等进行了篡改、夸大与造假，主要是为了服务于其政治宣传和一党之势发展的需要。此外，这也和康本人张扬自大、刚愎自用的个性有关。

譬如，康有为称甲午战败后由他发起、鼓动天下的联省"公车上书"已被证实是做了假的；又如，在康氏精心炮制的《戊戌奏稿》里，编造了他在戊戌年上呈给光绪帝有关"开国会""立宪法"等奏折内容，使得后人在很长时间里误把戊戌变法当作是一场"资产阶级君主立宪的改良运动"；再如，康、梁二人虚构了谭嗣同之妻以死殉夫的凄婉悲壮故事，而谭夫人事实上一直活到 1925 年，并在家乡湖南浏阳创办了当地第一所女子师范学校。

越来越多的迷雾也由此升起：康氏声称光绪帝托人带给他的两份"衣带诏"真实存在吗？如果存在，其内容果真如他逃往日本后所发布的吗？在康、梁的认定里，是袁世凯的告密使得慈禧太后先下手为强，发动政变，囚禁了光绪帝，事实和逻辑果真如此吗？在百日维新和戊戌政变中，康有为和其党人究竟扮演了怎样的角色……

一百多年过去了，在维新的 103 天里究竟发生了什么事情，依然迷雾重重。而如何鉴别、使用康、梁留下的《我史》《戊戌政变记》等资料，还原历史上真实发生的"百日维新"和"戊戌政变"，成了令许多治学严谨的史学家头疼的难题。

近几十年来，海内外学者从第一手史料特别是官方档案入手，结合艰辛的整理与考辨，以及越来越多当事人的日记、书信、手稿的发现，这场“真相抵达之旅”获得了许多重要的突破。

茅海建先生是海内外公认的康有为和戊戌变法研究权威之一。自1995年起，为了解开这些历史疑团，他扎进中国第一历史档案馆，辗转于日本外务省的外交史料馆、台北故宫博物院和“中研院”，认真研读各地保存的清代档案，如苦行僧一般在浩如烟海的史料中做了扎实的查证工作。

根据保留下来的清宫档案，结合宫中对皇帝、太后的起居出行记录，以及诸多当事人留下的日记、回忆、公文汇报，茅海建对地点、人物、时间、事件进行交叉求证、反证，一条更有说服力的故事逻辑线渐渐浮现出来：

“新政”期间，光绪帝越来越激进的变法举动，尤其是想另设一套凌驾于现行体制之上的独立议政机构（即康提议的“设制度局”“开懋勤殿”）、擅自罢免礼部六堂官，遭到了慈禧的否决和训斥；而御史杨崇伊随后的上奏，尤其是提到光绪帝想聘请日本前首相伊藤博文做清廷的改革顾问，直接引发了慈禧太后八月初四从颐和园回到西苑的行动，此行意在对光绪和“新政”进行近距离监控；至此时，光绪帝仍有人身自由，并有独立处理政事的权力；在初五至初六凌晨之间某个时刻，袁世凯通过太后的亲信荣禄或礼亲王世铎告发，说康党们策动他发动军事政变，围攻颐和园。

得知袁世凯的告密内容，可以想象慈禧太后的反应——震惊、失望，以及被光绪背叛的深深愤怒。此时，于她而言，她和光绪帝、康党之间已是“你死我活”的斗争了。而她一定是那个最后的胜利者。她立即囚禁了光绪帝，八月初六日宣布开始“训政”，随后下令抓捕康有为及其党人。

从很多事后的档案看，光绪帝本人对康、梁策动袁世凯发动政变和劫持慈禧的密谋并不知情。其间，他据康党一系官员的举荐，对袁世凯进行了名义上的提拔，并召见了他，但更多是试图培植支持自己的军事力量。在天津小站操练新军的实力派军官袁世凯“似乎”是最值得、也最有可能争取的。

然而，不管光绪帝如何辩白，他都很难让慈禧相信，在康、谭（谭嗣同）策动袁世凯军事政变的密谋里，他不知情也没有参与。等康、梁逃亡日本后，为了宣传需要和获得外国的支持，他们不断对外发布光绪帝以“衣带诏”求密救等惊心动魄的故事，更把光绪帝推到了百口莫辩的境地。

宣统元年（1909），杨锐之子杨应昶向清廷交还这份光绪帝在戊戌政变前夕给其父的密诏。当时，赵炳麟任京畿道监察御史，主持代奏，于是上疏请公布密诏内容并将其编入《清实录》。梁启超后来在为康有为诗作《戊戌八月国变记事》做注时，承认了杨锐之子呈交给清廷的是光绪帝诏书的正本。原文如下：

近来**朕仰窥皇太后圣意，不愿将法尽变**，并不欲将此辈老谬昏庸之大臣罢融，而用通达英勇之人，令其议政，以为恐失人心。虽经朕累次降旨整饬，而并且有随时几谏之事，但圣意坚定，终恐无济于事。**即如十九日之朱谕，皇太后已以为过重，故不得不徐图之**，此近来之实在为难之情形也。朕亦岂不知中国积弱不振至于阽危，皆由此辈所误，但必欲朕一旦痛切降旨，将旧法尽变，而尽黜此辈昏庸之人，**则朕之权力实有未足。果使如此，则朕位且不能保，何况其他？今朕问汝，可有何良策，俾旧法可以全变**，将老谬昏庸之大臣尽行罢黜，而登进英勇通达之人，令其议政，使中国转危为安，化弱为强，**而又不致有拂圣意。尔其与林旭、刘光第、谭嗣同及诸同志等妥速筹商**，密缮封奏，由军机大臣代递，候朕熟思，再行办理。朕实不胜十分焦急翘盼之至。特谕。

对比杨锐之子所交还的光绪帝密诏原本，可发现康有为对密诏的关键内容进行了篡改：一则此密诏的受诏人并非是康有为，而是新任军机四章京“及诸同志”；二则光绪帝并没有想和慈禧太后决裂；三则他当时没有失去人身自由和帝位，更无指示康、谭去搞“围园劫后”这样的政变密谋。

逃亡日本后，知悉内情的“帝党”成员王照因不满于康氏不断对外发布虚假言论、激化皇帝与太后之间矛盾，遂和康、梁一党决裂。后在日本浪人平山周的帮助下，他摆脱“康党”的监视与控制，到日本政治家犬养毅家中进行笔谈。他非常严厉地指责康、梁在对外刊布的密诏上造假，捏造光绪帝口出憎恨叶赫那拉氏之言，使得太后和皇上之仇“终古不解”。

王照痛惜于皇帝和太后之间的裂痕再也无法弥合，“此实为终古伤心之事”，“无人敢代皇上剖白作证，天下竟有此不白之事”。

康、梁策动军事政变，早有预谋。

早在六月中上旬，康有为就派弟子到天津有目的地接近、笼络袁世凯。当康有为的变法主张遭到阻力后，八月初三深夜，谭嗣同到访袁世凯在京暂住的法华寺，游说袁起兵“勤王”，囚禁慈禧太后以推动“新政”。

当袁世凯得知慈禧已于初四晚返回西苑，猜测太后很可能已得知消息，惊惧万分，遂向他的老上司荣禄或礼亲王世铎告发了此事。

“围园劫后”是康有为策动袁世凯时想做的，听上去很像《三国演义》等戏文小说里的情节。在他和梁启超给出的故事版本里，都认定了一个前提——慈禧拟于天津阅兵，实行废立。

今日，许多历史研究者都认同一点——康、梁所谓的“天津阅兵，实行废立”并不成立。一则以慈禧太后对军队和宫廷内外的绝对掌控，根本无须跑到天津借助荣禄的兵力来实现这一点，之后发生的一切也充分证明的确如此。二则天津阅操之事早在当年四月就已定下来，当时经她许可的“百日维新”才刚刚启动，无论是慈禧太后，还是光绪帝，或是荣禄，在当时都还预料不到时局的走向。

据王照的回忆透露，五六月时，康有为还托“康党”之一的徐致靖两次游说王照，以老年伯的姿态让他去策动聂士成的部队，遭到王照拒绝，说自己“宁做狄仁杰，不做范雎”。

范雎是战国时期的秦国名相，狄仁杰为武则天当政时的名臣，二人都曾向国君就如何处理皇权与母子关系的难题做过建策。范雎建议秦昭王废太后以崇君权，并放逐其胞弟和母舅；狄仁杰则屡次向武则天以母子天性进言，力保太子李显之性命与地位，最终使武则天打消了传位给武家人的念头，并在去世前把皇位归还李唐宗室。

王照借这两位历史人物，是向徐致靖、康有为表态——他是力主调和两宫之间的关系，以保住光绪帝的皇位，而非挑唆光绪帝向慈禧太后夺权。

另据陈衍为林旭作传时披露，康氏还有策动董福祥部的计划。当时，袁、聂、董所辖部队是清廷在京畿、直隶地区的三支重要兵力。

1980 年代，有海外学者在日本外务省档案馆中发现了刺客毕永年的日记。毕是康党“围园劫后”计划主要执行人，戊戌年追随康有为进京，有会党背景。政变后，当年十二月，他完成

《诡谋直纪》，托人带给日本驻上海领事馆小田切万寿之助，披露了被康、梁所掩盖的有关军事政变密谋的诸多细节。

据毕永年透露，康、梁、谭原计划是一边策动袁世凯率兵包围颐和园，一边秘密组织“壮士百余人”入园捉拿西太后，然后再由他们扶拥光绪帝登上午门，“杀荣禄，除旧党”。

八月初五当慈禧太后回到京城，再次走到台前，御史杨深秀在当日奏文里附上了一道十分奇特的“请开凿窖金片”。他称听闻乾隆帝修圆明园时，曾在某殿座下开挖了两个地窖用以存黄金、纹银。几年前，有八旬老苑户说他知道财宝埋藏的确切地点，杨说自己还找到了另一位知情者。如今朝廷正为借洋债之事犯愁，他提议赶紧发掘圆明园，找寻传说中祖宗留下来的金银，“万一罗掘得之，岂不大济急需，胜于票借万万耶？”

结合刺客毕永年日记、康的自述，不难琢磨出这一出戏码背后康党的意图——以“寻宝”为名，使百人扮成工匠接近颐和园（圆明园与颐和园位置接近），进而劫持西太后。政变发生后，当年十二月《申报》有报道直接指出，这一奇异提议背后必有“逆谋”。精明如慈禧，如何会看不出这背后的伎俩呢？

学者姜鸣认为康有为充满了宫廷政变的想象力，但与精明干练、深谙政治运作的慈禧太后相比，他仿佛是个旧小说、旧戏文看得太多的土乡绅。

康有为和其党人的冒进、轻率甚至是妄为之举，不但使“戊戌变法”夭折，也因此彻底断送了光绪帝的政治生命，把这位年仅27岁的年轻皇帝送上了绝路。

戊戌政变发生时，康有为已奉旨坐船离京前往上海，在烟台为英人所救，并在他们的护送下搭船前往香港。

八月二十一日，他接受了香港当地影响最大的英文报纸《德臣报》的采访。采访中，他对慈禧太后大加攻击，说她不过是一个妃子，而光绪帝也已经认识到慈禧并非他真正的母亲，又说光绪帝如何信任他，并夸大自己在维新运动中的角色。最后，他还称光绪帝给他"衣带诏"，让他向英国求救，恢复皇帝的权力。

次日，《德臣报》刊出了英文版的全篇报道及康有为谈话内容，上海的《字林西报》随后转载了英文报道。再接着，上海的《申报》《新闻报纸》、天津的《国闻报》陆续刊登该报道的中文版。

当湖广总督张之洞从九月初七的《国闻报》上看到康有为的谈话时，既惊又怒，当即致电两江总督刘坤一、上海道台蔡均，要求他们与报馆和保护报馆的外国领事"切商"，叮嘱对方"万勿再为传播"。

正当张之洞等疆吏们千方百计想阻止康有为访谈的传播、扩散之际，清廷也得到了康在香港接受记者采访的谈话内容。九月十一日，有大臣看到《国闻报》内容，立刻上奏"请饬查办"。清廷当日下旨命直隶总督裕禄严查此事。

"光绪帝仇恨慈禧太后"成为康有为在海外宣传的主题。他通过给报纸供稿，在自己办的《新知报》上发文以及利用平邮向国内寄的《奉诏求救文》，不断向国内外传播这一内容，此外还包括他所伪造的光绪帝甚至咸丰帝的密诏、谭嗣同的留言、遗书等。

刊登这些言论的报纸、公开书信源源不断地被呈送到慈禧太后面前。据德龄的回忆录，慈禧在庚子年后谈及康、梁在海外发布的这些言论时，依然怒不可遏。

和康、梁有故的吴德潇曾写信给在日本的康有为，批评他种种陷皇帝于死地的不负责言行。但康有为对这一类劝说一直置若罔闻，似乎从来就没有意识到自己这些言行，并非他所声称的"保皇"，而是在一步一步地把光绪帝推向绝路。

台湾学者黄彰健因此有一个极为犀利的"诛心之论"。他认为康、梁本不忠于光绪帝，此举很可能是借刀杀人。

在护送康有为出逃的过程中，英国公使馆的中文秘书戈颁一路上和康有为有多次长谈，他发现康的外部知识很少，对中国与列强的关系和磋商情形的了解基本都是模糊的、猜测的。戈颁对他的评价是——一个狂热的人和空想家。他由此推断，光绪皇帝大概也和他相像。

荒诞的是，在变法过程中，康有为自认为也被光绪帝认作是外部事务专家。这位当时从没有去国外、也不懂任何一门外语的"新进小臣"还为光绪帝上呈了自己写的《日本变政考》《俄彼得变政记》《波兰分灭记》。同时，他还在策划、推动清王朝与英、日等国"合邦"，提议向英美借巨款等计划。等政变发生后，他又按自己所认定的，企图向英国请求出兵，再扶持光绪帝上台。

“新政”期间，康有为拜访了以私人名义访华的伊藤博文。他对这位“明治维新”功臣提议的“中美英日合邦”之构想深信不疑，心向往之。随后，他和杨深秀、宋伯鲁多次上奏，建议光绪帝接见并深度联络伊藤氏，与日交好，乃至“合邦”，甚至建议交出“兵、政、税则及一切外交等事”。

今日，我们似乎很难理解康有为如何会有如此幼稚、荒诞的想法和行动，无论是放在当时甲午战败的历史背景下，还是日本侵华战争的“后见之明”。

但公平地说，那时清廷官员士人中的确有一小撮人怀着和康有为类似的想法。当时，热衷政治空想的来华传教士李提摩太曾两次到京兜售他的改革方案，即由英美人士来主导中国的“新政”，甚至“合邦”。此外，也和日本外交官不负责任的个人言论有关。日本侵吞朝鲜之后，想在亚洲打造一个由其领导的势力范围，政界因此开始有对中国调整外交、军事策略的声音。

有青年学者曾以“雾中人”来形容这些历史情景中的人们。他们中大部分对身处的世界或茫然无知、或一知半解、或完全误解，然后依据这些一知半解的、甚至错误的认知来行动。于是乎，那些最具有行动力的人带给社会的破坏或创造往往也是惊人的。

可以想象，当慈禧从御史杨崇伊口中得知光绪将于八月初五接见伊藤氏并聘请他为新政顾问后，惊觉事态严重，随即从颐和园返回西苑。

梁启超后为其师作《南海康先生传》时，委婉地做出了某种反思与反省。尽管他一再高赞戊戌维新之最可贵处在于精神，但承认在变法的形式上有“殊多缺点”，其根本原因在于他们这些推动者在此之前既没有游历过泰西，也没读过西书，所以“措置不能尽得其当”。至于“康先生能否成为大政治家”，这位大弟子老老实实地说：“吾不敢知。”

一位羸弱天子的冲动、激越之举，几个以澄清天下为己任，却完全缺乏政治经验与智慧的下层士子急于求成的“盲动”与“乱动”——这显然是一场大概率会以失败收场的变革。

迷雾重重的“百日维新”（下）

当历史的轮廓一点一点从迷雾中显现，我们今日对“戊戌变法”和政变事件中的主角们——光绪帝、慈禧太后、康有为及其党人等也有了更为清晰的认识。

在过往占据主流的历史叙事里，戊戌新政的失败和政治纷争，常被简单归结为“新”与“旧”之间的斗争——以慈禧太后为首的“顽固守旧派”战胜了光绪帝的“维新派”。

在此框架之下，康有为、梁启超是“维新派”的代表，凡与康、梁不合作者多被划入旧派的阵营。但是，当我们借助大量一手材料，再次回到戊戌维新的历史现场，会发现真实的故事与之大相径庭。

香港大学区仲桃博士认为，早在康有为跟光绪策划百日维新前，慈禧与光绪已逐步推行改革，康有为的出现在某种程度上“破坏”了原本改革的进程。

从 1894 年的中日甲午战争战败到 1898 年的胶州湾事件，空前的民族危机感，使得朝野的官绅士人发出了强烈要求变革图存的声音。到戊戌年，“变法维新”已成为压倒性共识，即使朝中的极端保守派也认为不能不变了。

这一年，中下层书生康有为通过上书光绪帝、创办《万国公报》、倡设“强学会”，结交了一批有维新思想的人士，由此扩大了自己的影响，使得很多意欲维新者开始关注康有为。清廷重臣、洋务派首领张之洞一度颇赏识康有为，并支持他开办“强学会”和《强学报》；以陈宝箴为首的湖南维新派官绅在长沙创办时务学堂，也邀请康的大弟子梁启超担任中文总教习。

至德国强占胶州湾事件发生，康有为在京城里积极活动，结交朝中大员，尤其是张荫桓、翁同龢等皇帝身边的亲信重臣，创办“保国会”，加之善于宣传造势，到戊戌年三月，他俨然成为京城中倾向变法的官员士子们最渴慕结交的人物。

据时人记载，康所谓“公车如云，来见者数十，座客填塞，应接不暇，分日夜之力，往各会宣讲，客来或不能见，见亦不能答拜，多有怨者”，的确不是他的自我吹嘘之词。但是，康有为和其党人为达其一党之政治目标和势力发展，常常置维新大局于不顾，最终把大部分维新派官绅推到了他们的对立面。

康有为在上海主办《强学报》时，一心将其打造成宣扬“新学伪经”学说的阵地，采用孔子纪年、刊登朝廷未准许下发的“上谕”。这些易落人口实的行为，令张之洞大为不满，遂勒令其停办“强学会”和报纸。

当梁启超主持长沙时务学堂时，又借此宣扬其师激进的“公羊学说”以培养康教信徒，迫使陈宝箴父子不得不与之分道扬镳。戊戌年间在北京，当“保国会”因违禁遭人弹劾，京中入会者人人自危之际，康有为竟在《国闻报》上将几百名与会的官员士子名单全部公之于众。

至四月“百日维新”启动，康有为的个人风评已极为负面。在大部分维新派官绅眼中，他已经从“我辈”变成了“康党”，以至其寓所“门可罗雀，与三月时成两世界矣”。当时，洋务派官僚盛宣怀收到一封来自京城的私信，里面说：京城风闻“康君心术不正，都人士颇切杞忧也”。

之后，康党通过收买、笼络言官，策划、推动废科举，尤其是发动一轮又一轮奏折攻势劝说光绪帝设立“制度局”，从而架空整个清廷从中央到地方的行政、决策体制，甚至鼓动皇帝“杀几个一品大员”为新政立威，使得康党几乎成为整个清廷官员群体的敌人。

戊戌政变之后，大清王朝这部陈旧庞大的老木船完全开回到老路上去，甚至变得更糟。

除保留京师大学堂外，慈禧太后将“新政”内容一一废除，并对维新人士进行清算，“六君子”不审而诛，许多和康党并无干系的官员受株连。八月二十一日，著名的新政重臣、湖南巡抚陈宝箴以“滥保匪人”之罪“即行革职，永不叙用”。陈氏携家眷回到江西原籍，不久猝然去世。有一种说法认为，陈宝箴是被慈禧太后秘密赐死的。

一时间，清廷官员们谈“新学”“新政”色变，有如惊弓之鸟。时任陕西学政的叶尔恺是力主变法的官员之一，他在给友人汪康年的信中感慨“时事奇幻，不可思议”。他痛批康、梁等新进“举事率妄，遂致斯祸”，本无阅历无见识，视天下事太易，加以学术乖僻，“欲其不偾事也得乎”，并心痛于无辜被牵连受累人士之多，“无识之徒，反以新学为诟病，诸君之贻害其有穷耶?”

南海先生的公羊学思想和“三世”之说，在中国近代思想史上自有一席之地。但作为失败政治赌徒的康有为，我们今日又该如何恰如其分地评价他呢?

百日维新期间，在京赋闲的李鸿章对康有为等人一直冷眼旁观，评价颇低，认为康只窃得一点“东西洋之皮毛”。待政变之后，在一次和孙宝瑄、章太炎的聊天中，却对康做出了某种肯定，说康竟然做了他当政为官几十年都不敢为之事，“吾深愧焉”。这番话从晚清最有魄力的重臣口中说出，足见某种分量。

在给张元济的回信中，严复对康、梁等人有比较公允的评价。他认为，中国时局若真不可挽回，未必一定是康、梁等人的罪过。然而，“轻举妄动，虑事不周，上负其君，下累其友”，再杂之“营私揽权之意”，“则其罪愈上通于天矣”。

在1900年“庚子国难”的逃亡途中，一路追随圣驾的肃亲王善耆曾委婉地对已沦为囚徒的光绪帝说过一句话——“臣知皇上平日好着急吃亏多矣”。光绪帝听后默然不语。

戊戌年前后任吏部尚书的孙家鼐，是除翁同龢之外在毓庆宫教授光绪帝最久的一位师傅。他非常了解自己这位学生急躁、易冲动的个性。翁同龢被慈禧太后罢免、驱逐后，他成为光绪帝最倚重的亲近大臣。变法期间，光绪帝常常把重大事件的“议复”交给孙师傅。

当时康、梁通过“台谏”，组织杨深秀、宋伯鲁等言官发起一轮又一轮的奏折攻势，要达成设立以康有为为主导的独立议政机构——“制度局”的目的，从而进入清朝的政治决策中心。孙家鼐是当时主要的反对者，并曾和康、梁师徒就筹备中的“京师大学堂”事宜有过针锋相对的较量。

五月十四日，军机处和总理衙门对康有为提出的“制度局”构想（即《上清帝第六书》）进行全面驳斥，引起光绪帝不满，他随后下了一道措辞极为严厉的谕旨，要求总理衙门“议复”，即推倒重来。

因为光绪帝执意要实行，孙家鼐不便再次阻挠，于是采取了一种迂回的方式，建议改设“散卿”之职以备皇帝咨询顾问；并设立相应的官衔、品阶，从而圆融地将其纳入清廷现有的官员任免、选拔体系中。

在这份代总理衙门的“议复”里，孙家鼐在结尾处呈上了一段只有身为帝师才方便说的肺腑之言：

孙家鼐

抑臣更有请者，议政之官固不厌多，听言之道尤当致慎。舜之大知，固由好问好察，尤在执两用中。盖问察非难而用中最难也。夫发言盈廷，则是非各执。其言或似是而实非，或似非而实是，精择审处，不使贤否混淆，惟赖我皇上圣智聪明，斯国势可强而天下蒙福矣。

他语重心长地劝诫这位年轻天子，听取建策时“尤当致慎”，特别要做到持道中正、不走极端，因为好问好察不难，要做到中正却很难。他还有所指地提醒光绪帝，当各种各样的建策充盈于朝堂时，身为一国之君尤其要“精择审处”，因为许多观点言说“或似是而实非，或似非而实是”，务必做到不被人蛊惑，那么国家可以变得强大，天下也可因此蒙福。

孙家鼐个性持重，是清廷高官中同情改革的温和派，曾名列康有为发起的“强学会”。早在毓庆宫授课时，他就向少年光绪帝推荐了许多维新书籍，如郑观应的《盛事危言》、汤寿潜的《危言》和冯桂芬的《校邠庐抗议》，并奏请朝廷印刷数千份发给各级官员学习。

身为近大臣，他已经觉察到康氏一党对年轻皇帝的裹挟之势，并有着“直达圣聪”的“非正常”通道，为此忧心忡忡。他多次借着各种机会敲打、劝诫光绪帝，要“远小人近君子”。当时，康、梁想从汪康年处夺回对上海《时务报》的控制权，通过御史宋伯鲁上了一道“请将《时务报》改为官报”折。在议复宋折时，孙家鼐顺势向朝廷提议派康、梁去上海督办《时务报》。

孙师傅的用心很明确——要尽快“礼送”康、梁出京，消除康氏一党对光绪帝的影响。但康、梁不愿离开，继续以办报馆、编书等各种理由留在京城，以期继续影响“新政”走向。

局势终于一头倒向了最糟糕的方向，且一发不可收拾。

光绪二十四年（1898）八月初三下午2时许，光绪帝“随侍”太后用完早膳、请安后，带着极为沮丧的心情离开颐和园回宫。这一回，他在颐和园共住了五晚，终未能说服太后开“懋勤殿”，还因未经慈禧批准擅自罢免礼部六位堂官遭到了严厉斥责。

这一天园子里有戏，从上午10时一直演到晚上8点半。等皇帝离开后，一份密奏被呈到正在看戏的慈禧太后面前。据内务府《日记档》记载，当晚7时至9时某刻，太后向内务府下懿旨：明日（初四）回西苑，初六日还颐和园。因为命令下得仓促，内务府、侍卫处、护军营、步军统领衙门、军机处当晚紧急运转起来，并调配明日太后回城所需人手车马。

初四上午，慈禧先在乐寿堂用完早膳，然后从园中乘船至昆明湖的另一码头，下船坐轿到万寿寺烧香、礼佛，完毕后款款步行至御座房休息片刻。鸾轿再起程，至码头又换船，经水路至倚虹堂，稍坐片刻。然后上轿出园一路东行，进入京城西直门、皇城西安门，由西三座门进福华门。

当慈禧坐船、烧香、换轿，由西郊往京城一路慢悠悠而来时，光绪帝正在紫禁城的养心殿上早朝，召见孙家鼐、张荫桓、袁祖礼等大臣商讨国事。

下午3时至5时某刻，已散值的庆亲王来到养心殿，向皇上呈报太后还宫的消息。因为太突然，光绪帝赶紧起身，前往西苑的瀛秀园门跪接太后的銮舆。当晚，太后入住西苑的仪鸾殿，光绪帝依例，从紫禁城养心殿移居西苑瀛台的涵元殿。

傍晚，领侍卫内大臣接到有关皇帝第二天行程的通知——初五一早办事、用膳、召见大臣。完毕后，乘轿到太后寝宫请安、侍膳。回瀛台休息片刻，定于午时初刻在勤政殿接见日本前首相伊藤博文。等召见结束后，坐轿还瀛台。

按计划，光绪帝第二天将在勤政殿召见从天津赶来“请训”的袁世凯。之前，袁刚刚被提拔为候补侍郎。按制度规定，钦差及三品以上外任官员赴任前须谒见皇上辞行，谓之“请训”。

一切似乎很平静。至此时，事件的两位主角——光绪帝和慈禧太后都还不知道——在未来24小时内，一场巨大的政治风暴即将到来。自这场风暴降临起，他们将成为至死都无法化解仇恨和积怨的死敌。

西苑这一夜，将是光绪帝余生中最后一个平静的夜晚。

张之洞在路上

103 天里，27 条“除旧布新”的诏令“滚滚而下”，一班官员坐不住了。

当听说皇帝提拔杨锐、谭嗣同、刘光第、林旭四新人在军机章京上行走、参与新政时，湖南巡抚陈宝箴心急如焚。他并不知这四人究竟是如何“参预新政”，只是出于一个资深大吏的政治经验和对时局的敏感，觉得事有不妥。

陈宝箴，晚清著名的维新派官员，也是著名历史学家陈寅恪的祖父。他和张之洞同为清廷中“稳健的改革派”，彼此相交极深，常互为应援。任湖南巡抚时，他以“变法开新”为己任，推行新政，先后设矿务局、铸币局、官钱局，兴办电信、轮船及制造公司，创立南学会、算学堂、时务学堂，支持谭嗣同等刊行《湘学报》，使湖南维新风气大开，成为全国最有生气的省份。

陈宝箴也是光绪帝最为信任的地方督抚之一，被视作“新政重臣”。“新政”期间，凡来自陈宝箴的条陈和保举，皇帝基本都采纳。新提拔的“军机四章京”中的杨锐、刘光第，也都是他向朝廷保举参与“新政”的人才。其中，杨锐是张之洞的门生，深得张的信任与器重。他在京期间充当了张之洞的“耳目”。

要澄清一点，“戊戌六君子”虽皆因康有为而受株连，但他们中除谭嗣同、杨深秀外都非“康党”，更与康、梁、谭的“勤王劫后”密谋毫无干系。譬如，杨锐本是张之洞一系的人，和康在政见上分歧极大，对康抱有恶感，而张之洞在写给他的书信里以“意甚险恶”来评价康有为。可以说，他们大多是无辜受累而死。

陈宝箴之前与康、梁有过交往。光绪二十三年（1897），他邀请梁启超到长沙担任时务学堂总教习。后因梁启超主持学堂期间宣扬康有为的“孔子改制”学说引起巨大争议，让陈宝箴、陈三立非常被动，最后以梁启超自行辞去教习之职的方式收场。

到“新政”期间，陈宝箴曾上书弹劾康有为刊印的《孔子改制考》，并委婉地请谕令康自行销毁。康有为对陈的态度也由此大变，通过御史杨深秀上折，对湖南的政情大肆抨击，并称陈宝箴已被人挟制云云，故请光绪帝不要重用陈所保举的官员，包括新入军机的杨锐、刘光第二人。康有为此举的目的，是想让光绪帝建立以康党为核心的新政班底。

接到杨深秀的弹劾折（实为康有为所拟）后，光绪帝感到作为“维新”标杆的湖南问题严重，于七月二十七日电旨陈宝箴查问实情，陈宝箴赶紧回电说明情况。也因着这层缘故，陈宝箴感到了京中变法的某种乱象，以及中枢机构的应对乏力。

八月初七，他给总理各国事务衙门发了一份电奏。当时，远在长沙的陈宝箴不知道京城已发生了巨大的政治震荡。

在这份经过深思熟虑的电文里，他先赞美光绪帝“锐意维新，旁求俊彦”，随后提出“惟变法事体极为重大，创办之始，凡纲领、节目、缓急、次第之宜必期斟酌尽善”才能施行。他一边夸赞杨锐四人虽有过人才华，然而“于事变尚须阅历”，如今国家正处于“危疑等决，外患方殷”之际，需要“通识远谋，老成重望，更事多而虑患密者”来参决机要、宏济艰难。

于是他提议让自己的老上司、正在湖广总督任上的张之洞入值军机处。当时，张之洞刚刚处理完和日本方面交涉的沙市事件。

陈宝箴并不是唯一怀有这样想法的人。自光绪帝于七月二十七日罢免礼部六堂官起，短短数日，朝臣们共有七份条陈上奏，都是请求光绪帝急召张之洞进京主持“新政”大局。

在这些奏折里，有的援用历史上宋神宗变法任用王安石而舍韩琦、富弼，致使“群阴汇进”；有的干脆直接说张之洞之见远在“今日建言诸臣”之上；有的直接反对“小臣”进入中枢机构；有的则列举张之洞的学术思想以及在湖北开辟的洋务新气象，“较之不学无术徒事纷扰及年少新进之空谈无补者，相去万倍”。

陈宝箴

以上种种，显然都是针对康有为及其党人的。当“百日维新”迅速进入高潮，康有为及其党人采取猛烈的奏折攻势弹劾对手，通过报纸制造舆论，想突破一切障碍谋求进入大清帝国最高决策中心时，京中许多官员都觉察到了空气里某种危险的信号，都认为当下急需一枚“定海神针”来坐镇京师，收拾“新政”之纷乱局面。

在他们眼中，充当这枚“定海神针”的最合适人选，就是实力派官员张之洞。

张之洞曾在京为官十余年，受慈禧恩眷颇深，也是此前“清流党”的实际领袖，和徐桐、翁同龢等帝都大佬们有着很深的渊源；之后又在封疆大吏任上多年，有处理实际问题的行政经验；到湖广总督任上后，他开创了许多洋务事业，包括兴建新式学堂，办铁厂、织布局，主持筹备铁路修建等，对“新学”有真正的实践经验和体悟。此外，他和康有为等诸多维新人士有过交往，并资助过康有为创办强学会、《强学报》和《时务报》，是这些维新事业的“后台老板”。

以其资历、能力和声望，张之洞是各派人士都能接受的人物，既能让思想偏保守的老派官僚感到“你办事，我放心”，又能镇得住一干冲动冒进、急于求成的维新派党人。

尤为重要的是，该年三月，张之洞完成了阐述其对中西方文化思想认识的著作——《劝学篇》。在这部重要的著作里，他提出了中学为体，西学为用，中学治身心，西学应世事的观点，主张先明中学，然后择西学以用之，提倡立学堂、修铁路，采用西技西艺，反对“开议院”“兴民权”等维新主张。《劝学篇》一出，当时绝大部分官员士子为之服膺，无论是趋新人士还是偏保守之人。

六月一日，张之洞的门生、翰林侍讲黄绍箕在受光绪帝召见时，把《劝学篇》推荐给了皇帝。光绪帝详加批阅后，对《劝学篇》的评价非常之高，认为“持论平正通达，于学术、人心大有裨益”。他随后下了一道谕旨，命军机处将四十部副本分发给各省督抚、学政，并要求广为刊印，“实力劝导，以重名教而杜卮言”，后又命总理衙门排印三百部，是为“敕印”。

其实，早在三月“百日维新”还未启动时，体仁阁大学士徐桐就向慈禧太后提议，请调张之洞来京面询机宜。当时，这位思想非常保守的官员已觉察到清廷中枢机构中的种种不和谐：甲午战败后再次复出的恭亲王奕䜣已重病缠身，常常无法到值；礼亲王世铎是位好好先生，为人无能也无争；帝师翁同龢权势正旺，又和大臣刚毅等有诸多嫌隙；李鸿章经甲午之战已失势；新派人物张荫桓是光绪帝面前的大红人，但又为慈禧太后所厌恶……

收到徐桐的这道折子，慈禧太后足足考虑了三天，最后同意这一请求，电旨召张之洞进京“面询”。

这道电旨发出数日后，安徽布政使于荫霖上奏弹劾翁同龢、张荫桓，光绪帝私自扣押了弹劾奏折，没有依光绪十五年“亲政”时定下的规矩送呈慈禧太后，并于当日又再下电旨催张之洞赶紧“来京陛见”，“毋得迟滞”。

光绪帝瞒着慈禧太后做的这一小动作，自然是为了保护属于他这一派的恩师和心腹重臣。同日再次急催张之洞进京，也透露出这位权力未足的皇帝的忧心——万一翁、张二人不保，中枢机构会因此被颟顸守旧的顽固派占据。因此，他急着想调倡导“维新”的官员来充实军机处。

接连收到两道催他进京的电召，让张之洞感到一头雾水，同时也不太情愿北上。当时，张之洞正在湖北轰轰烈烈搞新政，办新式学堂，筹备新铁路的建设，开矿，等等。这些新事业的筹备有的刚开头，有的正在半道中。在给好友湖南巡抚陈宝箴的电报里，他坦露了自己的真实想法：自觉在京无益于时局，宁愿待在地方上把“一枝一节之事”办好。

在给总理衙门的回电里，张之洞小心翼翼地试探“圣意”。先是解释湖广总督任上事务繁忙、责任重大，自己不方便脱身；然后说自己如今身体欠佳，难当重任；最后又询问朝廷究竟有何垂询之事，是否可以提前告知，自己可以随时“筹拟上陈”云云。

这份明显找理由推托的回电，令光绪帝十分生气，他立刻再电旨张之洞，严厉责问，既然是要他“来京陛见”，就当闻命即行，“何得托故迁延”。

接到皇帝严责的电旨后，张之洞只得赶紧动身。谁知人刚离开武昌，沙市事件爆发。

该年三月十八日，在沙市船码头，湖南船帮的一名面馆伙计和沙市招商局更夫因琐事发生争执，继而引发了群体性的斗殴。后来，有人纵火点燃了海关的房屋，火势因此蔓延开来，烧到附近日本领事的住宅、邮局和海关船只。因为涉及日本领事，事态一下子变得严重。经历从甲午到胶州湾危机后，清廷对涉外事件已经十分心惊胆战，唯恐列强又借此生故动兵，继而要求割地、赔款等。

三月二十五日，当张之洞乘坐的“楚材”舰刚刚抵达上海码头，他接到皇帝发来的电旨，命他立刻折返处理此案，等“地方一律安清再来京”。曾有学者分析，这是翁同龢向光绪帝所提的建议。此时，权位之心大炽的翁师傅并不想再来一个张之洞和他分权。

当张之洞领命赶回湖北负责处理沙市事件之际，领班军机处的恭亲王奕䜣病情急转直下，于四月初十病逝。清廷中央一下子出现了权力真空，慈禧随后两次紧急调整中枢——削翁同龢的权力，以荣禄、刚毅牵制翁，提拔崇礼以压张荫桓；然后调王文韶、裕禄进京出任军机大臣，随后又将翁同龢彻底驱逐出京。

等张之洞和日本方面交涉、处理完沙市事件，日历已翻到了七月初。此时，“百日维新”已进入暗流涌动的高潮阶段。

八月初六，慈禧太后发动政变，软禁光绪帝于西苑瀛台，并以光绪帝的名义宣布第三次“训政”。

张之洞

当得知杨锐、刘光第被捕的消息，张之洞随即展开营救杨锐的行动，通过电文调动各方力量，并最后亲自出面请托军机处的王文韶、裕禄代为说情。

八月十五中秋节，传来了一条让张之洞悲痛彻骨的噩耗——杨锐、刘光第等六人未经审讯就被慈禧太后下令处斩。两年之后，他的另外两位得意弟子——总理衙门大臣许景澄、袁昶在朝中极端保守派的鼓噪下，在庚子之乱中以十分荒诞的罪名被处斩。

光绪二十四年，是为戊戌年。这一年，张之洞 61 岁，正是政治家最为成熟的年龄。

第五章　十年囚徒

水牢囚鸟

皇家西苑南海的瀛台四面环水，只有一座石桥通往陆地。石桥两端都有重兵把守。岛上主建筑——涵元殿的楼梯以及其他建筑的门座全部被“堵砌”。在涵元殿四周，搭建起四座木板棚房，这里是看守人员的值班房。

自光绪二十四年（1898）八月二十三日起，光绪帝被囚禁在这座孤零零的小岛上。高耸的宫墙再高，也挡不住没有脚的流言，民间开始流传当朝天子在“坐水牢”的故事。

在西苑，珍妃所住的淑清院，正门被锁上，北门被堵，连北向遥望瀛台都不可能。

到八月十九日，慈禧太后开始清洗光绪帝和珍妃身边的贴身太监。四名太监以“干预国政，搅乱大内”之罪活活被打死；五名太监以“结党、串通是非”被杖责 200 板，罚以“永远枷号”；另有五名以“不安本分、串通是非”杖 100 板，“枷号两年”。

一下子要收监这么多要犯，宫中的枷锁和牢房都不够用了，内务府只得临时向刑部调用枷、镣各 30 副，并紧急修理已荒废

瀛台涵元殿

破败的南北监房。

九月初一起，总管内务府大臣每日带着大夫来给光绪帝号脉、看病。在二十天前，内阁以光绪帝的名义发下了一道“求医”的谕旨，称：“朕躬自四月以来，屡有不适，调治日久，尚无大效。京外如有精通医理之人，即着内外臣工切实保荐候旨。其现在外省者，即日驰送来京，勿稍延缓。”

叶赫那拉氏通过这道“谕旨”，试图向朝野释放两个重要信息：一是光绪帝健康状况堪忧；二是“百日维新”期间的政令为皇帝病中所下达的，因此“不合法”。

除山东巡抚、两广总督以及在上海的盛宣怀外，湖广总督张之洞、两江总督刘坤一、陕西巡抚魏光焘、安徽巡抚邓华熙等都“按兵不动”。

这些宦场经验丰富的督抚们推托皇差的理由可谓花样百出：有的说自己所在省份素缺良医，自己碰上生病从不敢请医，全靠个人调理；有的说自己本有想举荐的名医，结果已被其他官员抢先推荐给朝廷了；有的说自己到处寻访名医，好不容易找着了，结果发现人已年过八旬、老态龙钟，已无法给皇上看病了……

他们一反过往对皇差的热衷，都以高度的戒备状态关注着这场宫廷政变的走向。

同样处于高度紧张状态的，还有京城里的各国驻华公使。自慈禧太后宣布再次“训政”后，他们都在猜测光绪的生命安危和慈禧太后废帝的可能性。

至九月初四，一份有关光绪帝脉案、病情的通报书被下发到京城六部九卿各大臣。根据这份具有六位医生署名的诊断书，皇上浑身上下都是病，眼耳口牙喉、腰腿膝、指、头、胸腹都不适，脉息和大小便也不正常。

不出意外，这份病情通报很快传到了东交民巷。外国人并不买账，在英国公使等人干预下，清廷的总理衙门被迫同意由一名外国医生来给光绪帝看病。

根据法国公使馆的医生多德福给出的诊断书，光绪帝患有肾病，故而“引起脏器运动紊乱”，他建议光绪改变饮食习惯，每日喝三四升加乳糖的牛奶或人乳，再佐以服用洋地黄粉加按摩，一旦排尿正常，气闷消失，病情就会明显好转。也就是说皇帝有病，但无根本大碍，只要注意治疗和休息便可以好转，并不影响他行使皇帝职能所需的判断力和决策能力。

这一年的冬天很快来临，瀛台四周的湖水开始结冰。十一月十九日，慈禧下令紧急派人在冰面上打开一丈余尺，“务见亮水”，“不准冻上”。天寒地冻之中，西苑的南海湖面上多了一群每天和天气搏斗的人。

又一日，软禁中的光绪帝在烦闷压抑中想玩一下乐器。他自小就跟着慈禧太后看戏，耳濡目染下，擅长好几种乐器。据升平署的太监回忆，光绪帝会“场面”，尤其打得一手好鼓。锣鼓声刚刚响起，太监就带着太后的懿旨马上赶到，说皇上若要响器家伙等，必须先请示慈禧太后，得到允许后才能动。

发动政变之后，慈禧开始一步一步着手“废帝”的计划。光绪二十五年是为己亥年，这一年十二月二十四日，慈禧太后在西苑仪鸾殿召集近支王公贝勒、御前大臣、内务府大臣、翰林院学士、各部尚书，宣布“废立”的计划，并告知已择定端郡王载漪15岁的儿子溥儁（jùn）为新帝。

景善，满人，曾为内务府大臣，后在惇亲王府当授读，是惇亲王之子载漪、载澜的老师，后在庚子之乱中丧命。在他遗留下的日记里，记载有载澜于会议次日向他描述商议“废立”的场景。

据记载：当天，慈禧向召见的宗亲、大臣们直接宣布说，光绪帝当初被立时，国人颇有责言，谓不合于继嗣之正。更何况“我立之为帝，自幼抚养，以至于今，不知感恩，反对我种种不孝，甚至与南方奸人同谋陷我，故我起意废之，选立新帝”。然后说自己已决定于明年元旦正式行“废立”的典礼，命大臣们商议一下皇帝废后该给怎样的封号。

太后语毕，在场大臣们相顾无言。良久，大学士徐桐奏请说可将光绪帝降封为“昏德公”。这是昔日宋徽宗赵佶被金国俘虏后受“赐”的封号，带有强烈的侮辱色彩。太后“意可”。接着她宣布已择定端王之子溥儁为新帝，并说端郡王“秉性忠诚，众所共知”，以后可常来宫中监督新帝读书云云。

此时，军机大臣也是光绪帝老师的孙家鼐提出反对意见，他奏请太后勿行“废立”之事，理由是“恐南方有变”。至于选立新帝的事，太后可时常放在心中，“当俟诸万岁后，方可举行”。慈禧很不高兴，对孙家鼐很不客气地说：“这是我们一家人会议，兼召汉大臣，不过是为体面。此事我已告知皇帝，帝亦无言。”

慈禧然后命大臣们到勤政殿恭候。数分钟后，她乘轿至勤政殿，又命李莲英去请皇上。光绪帝乘轿至外门下轿，向慈禧拜叩。太后召他入殿，光绪帝又跪下。太后说：“进来，不用跪下。”然后命他坐下。又召诸王公大臣共约三十人入殿。太后把“废立”之事又重述了一遍，光绪帝表态说：“太后所说极是，我意亦同。”

此时，军机大臣荣禄把拟好的谕旨呈太后阅看，太后看过即发下，亦未与皇帝一言。据载澜观察，“皇帝神情如在梦中”。

当天，在内廷当差的“苏拉”（清朝内廷差役，一般由15岁以下不识字的小太监担任）冒冒失失地到处嚷嚷说：“今天换皇帝啦，今天换皇帝啦。”

次日（二十五日），慈禧太后对外发布光绪帝的朱笔上谕。在这份谕旨里，光绪帝说自己自戊戌年起就健康堪忧，皇太后不得不再次“训政”。这一年多来，自己始终无法康复，连宗庙大祀都已无力亲为，再加上一直没有诞下皇子，感到无地自容、愧对社稷祖宗，于是再三请求皇太后在宗亲里选择“贤良”、为同治帝立嗣，然后下诏册立端王之子溥儁为“大阿哥”：

朕以冲龄入承大统，仰承皇太后垂帘听政，殷勤教诲，巨细无遗。迨亲政后，复际时艰，亟宜振奋图治，敬报慈恩，即以仰副穆宗毅皇帝付托之重。乃自上年以来，气体违和，庶政殷繁，时虞丛脞。惟念宗社至重，是已吁恳皇太后训政一年有余。朕躬总未康复，郊坛宗社诸大祀弗克亲行，值兹时事艰难，仰见深宫宵旰忧劳，不遑暇逸，抚躬循省，寝食难安。敬念祖宗缔造之艰难，深恐弗克负荷，且追维入继之初，恭奉皇太后懿旨，俟朕生有皇子，即承继穆宗毅皇帝为嗣，此天下臣民所共知者也。乃朕痼疾在躬，艰于诞育，以致穆宗毅皇帝嗣续无人，统系所关，至为重大，忧思及此，无地自容，诸病何能望愈？用是叩恳圣慈，于近支宗室中慎简元良，为穆宗毅皇帝立嗣，以为将来大统之归。再四恳求，始蒙俯允，以多罗端郡王载漪之子溥儁，承嗣为穆宗毅皇帝为子。钦承懿旨：感幸莫名，谨当仰遵慈训，封载漪之子溥儁为皇子，以绵统绪，将此通谕知之。

这份光绪帝用朱笔写就的诏书，被外国人称为“中国历史上最伤心之文字”。因为下诏立储这一年是己亥年，故称“己亥建储”。按慈禧的计划，定于七日后、即次年农历元旦令光绪帝举行让位礼，改元为“保庆”。

清廷下诏“立储”的第三天，上海实业家经元善联合蔡元培、黄炎培、章炳麟等一千二百三十一名士子、绅商，以上海电报局总办之身份，向总理衙门发出公开电文。说接到皇上于二十四日颁布的电旨，沪上人心沸腾，更听闻各国有调兵干预的传言，他于是请王公大臣们赶紧奏请皇上即刻亲政：

> 昨日卑局奉到二十四日电旨，沪上人心沸腾，探闻各国有调兵干预之说，务求王爷、中堂大人公忠体国，奏请圣上力疾监御，勿存退位之思，上以慰皇太后之忧勤，下以弭中外之反侧。宗社幸甚，天下幸甚。

此公开电文一出，在全国引起巨大轰动。清廷立刻下令抓捕经元善。经的上司、掌管洋务企业的盛宣怀故意事先走漏消息，经氏得悉后携家眷出逃，辗转避难至“海外”保皇势力大本营之一的澳门。

清廷与澳门总督交涉，以政治犯罪名，要求引渡经元善，遭拒后又派人到澳门控告经氏在电报局总办任上“拐款逃走”。在澳门“保皇会”会长何廷光的奔走下，兼以中外舆论的压力，澳葡当局正式照会清政府，经元善“拐款逃走”的指控不实，乃为政治犯，给予“政治避难”待遇。

小小一个经元善，慈禧并不放在眼里。让她真正忌惮的，是来自外国的反对声。慈禧命荣禄私下找李鸿章，让他打探各国公使对“废立”之事的看法。外国公使中客气一些的回说“未洞内情，不知所贺，惟今帝以二十余年君主，历与我立约，将焉置之"；而英国公使干脆宣称，但凡"遇有交涉，我英认定光绪二字，他非所知"。

戊戌政变后，荣禄愈发受慈禧信任，虽位居次辅，实为权力最大的大臣，"眷顾之隆，一时无比"。除任军机大臣、兵部尚书之职外，荣禄还同时节制北洋海陆各军，同时兼管总理各国事务衙门。

末代皇帝溥仪是荣禄的外孙，他评价自己这位外祖父之所以能成为慈禧太后的心腹，是因为善于逢迎。但荣禄其实对大局、政事有自己的判断和决断。他深知"废立"之事棘手、牵涉面极大，几次试图劝阻，均无果。

据胡思敬的《国闻备乘》记载，荣禄"恐其同负恶名"，于是向太后献策，说："朝廷不能独立，赖众力以维持之。疆臣服，斯天下莫敢议矣。臣请以私意先觇四方动静，然后行事未晚。"慈禧同意了。

随后，荣禄以个人名义向几位老资格的地方督抚发密电，委婉地告知太后将谒太庙，准备为光绪帝立嗣，以此试探一下他们的口风。两江总督刘坤一回复荣禄，竭力劝阻此事，电文里说到"君臣之义已定，中外之口难防。坤一所以报国者在此，所以报公者亦在此"。

这是一封恭敬口气之下带有震慑力的电文，言下之意为光绪仍是大清唯一合法的皇帝，如果太后在"废帝"之事上一意孤行，

刘坤一

恐会引起外国军事干涉以及国内局势动荡，她的地位和个人安全会因此而不保。“荣禄悚然变计，于是密谏太后，得暂不动。”

这份电文原本是张之洞答应和刘坤一联名上疏的。但张之洞在中途又反悔了，派人把电文追回并删掉了自己的名字。也因此事，刘坤一对这位老同僚颇有几分不屑，逢人就说：“香涛（张之洞）见小事勇，见大事怯，姑留其身以俟后图。吾老朽，何惮！”

在荣禄的建议下，慈禧暂缓“废立”之事，以光绪帝春秋已盛、无子，先让溥儁做“大阿哥”，承嗣于同治帝。次年元旦，原本须由光绪帝主持的大高殿、奉先殿祭祀，改由大阿哥“恭代”。

溥儁被立为大阿哥后，慈禧安排他进宫入居景云门外的青宫，即“阿哥所”，在弘德殿读书，称光绪帝为“皇叔”。势利的太监宫女们把他当作未来天子巴结，而把软禁中的光绪帝视作废弃之物。和父亲一样，溥儁不喜读书，最爱养狗、玩鸟、斗蝈蝈。进宫第二天，他就把自己养的两条狗带进了紫禁城。这是一个彻底被宠坏了的孩子，不爱读书，生性骄纵放肆。据王照的记载，他经常当面嘲笑光绪帝，说他是疯子和傻子，光绪每每装聋作哑。

据宫中记录和时人笔记，软禁中的光绪帝生存处境颇为恶劣——供应皇帝膳食的厨房被撤，出现了“求米粥则不得，求鸡丝则不得。凡所求食，皆诡词拒之”的情况。一日，光绪帝读《三国演义》，自叹说：“朕不如汉献帝也！”

但在他心里还有一处最柔软的牵挂——他的知己、爱人珍妃。珍妃先被软禁在西苑的淑清院，后被关在紫禁城北房三间最西的一间。门由外头锁着，有一扇活动的窗户，饭食、洗脸的东西都是由下人从窗户里递进去的，不许交谈。吃的是普通下人的饭，一天给倒两次马桶。由两个老太监轮流监视。

每到节日、忌日、初一、十五，老太监都要奉旨申斥，列数她的罪状，让她跪在地下敬听，规定是在吃午饭的时间举行，然后珍妃必须叩首谢恩。

在储秀宫服侍多年的宫女何荣儿以“心比天高，性烈如火”来形容慈禧的个性——对待任何人都是以“你让我一时不痛快，我让你一生不舒服”这种以牙还牙的态度。

在稗官野史中，有众多关于慈禧如何从精神上虐待软禁中的光绪帝的故事。这些故事大多言之凿凿，但又很难找到扎实的史料来佐证。

对晚清宫廷逸事感兴趣的人都知道，慈禧太后是个戏曲发烧友。据宫里学戏的小太监说，“老太后可什么都懂，什么都会，昆腔、二黄全成”，她还有改剧本、编词的爱好，曾为乱弹《阐道除邪》里“剥皮鬼”唱的反调编过词，足唱有二刻多。

清史学者王道成在研究清代掌管宫廷戏曲演出活动的机构升平署的档案时，在故纸堆里发现了一则颇具喜感的史事。戊戌政变后的第二年，慈禧太后曾两下懿旨对一出名叫《天雷报》的京剧进行修改，一次是三月十五日，一次是四月初五。

《天雷报》是一出有关孝道的善恶报应剧目。讲述以开豆腐店为生的张元秀夫妇，他们生活贫苦，心地十分善良。张氏后在桥边捡到一个弃婴，于是带回家中抚养，取名为张继保。夫妇俩对他视同已出，珍爱若宝，并送其读书。在张继保13岁时，他被其生父母领回家去。张元秀夫妇思念养子成疾，到晚年生活尤为潦倒，以乞讨为生。张继保后来中了状元，生父母命他寻找养父母迎归奉养。张元秀夫妇得知后，希望能和养子相认，但是张继保死活不认他俩，甩了两个铜钱在他们脸上后离去。二老走投无路，双双碰死。在张继保回家路上，天忽阴云，电闪雷鸣，老天爷将这个不孝子当场劈死。

三月十五日，慈禧传旨，要求《天雷报》添五雷公、五闪电。张继保魂见雷祖，打八十后改小花脸。添开道锣、旗牌各四个，中军一名。四月，她又命京剧名角谭鑫培等进宫演《天雷报》，并传旨要求《天雷报》添风伯、雨师。

短短二十天内，太后两次传演《天雷报》，并对剧本进行修改、增删，突出对张继保的惩罚力度，后又增加了惩罚他的神灵阵容，以此加重对养父母不孝的反角所遭的“天谴”。不用说，这是借修改《天雷报》的情节，来宣泄她对光绪帝“背叛”的愤怒和不满。

此时关在瀛台孤岛上的光绪帝若遭受“求米粥则不得，求鸡丝则不得。凡所求食，皆诡词拒之”的待遇，一点也不意外了。

这一年，按旧历是为庚子年，有闰八月。迷信的人认为会有不祥之兆，故民间有“闰七不闰八，闰八动刀杀”的说法。

华之乱（上）——庚子国难

“大阿哥”溥儁

甲午之丧师，戊戌之变政，己亥之建储，庚子之义和团，名虽四事，实一贯相生，必知此而后可论十年之朝局。

——恽毓鼎

“大阿哥”溥儁是端郡王载漪的儿子。按《清史稿》记载，其母是慈禧太后之弟桂祥的女儿。但参照《爱新觉罗宗谱》和叶赫那拉氏的家谱，他的母亲应为载漪的继福晋博尔济吉特氏，是蒙古阿拉善亲王之女。所以，溥儁并非慈禧的亲侄女之子，《清史稿》恐有误。

端郡王福晋虽不是慈禧的亲侄女，但经常进宫服侍“老佛爷”。据服侍慈禧多年的宫女回忆，她为人八面玲珑，嘴巴很甜，把太后哄得很开心。载漪之所以在慈禧面前得宠，很大程度上是因为“夫人外交”的成功。

等戊戌政变后，慈禧决意罢黜光绪帝，身为近支宗亲的端郡王载漪就动了心思，开始一系列运作。据说，是他亲口向慈禧进奏："臣的孩子可以当大阿哥。"

据储秀宫宫女的叙述，这位新立的大阿哥和光绪帝有着天壤之别：头像个拨浪鼓似的，左右摆动，跟宫女们没话找话说，油腔滑调的。"对我们储秀宫的人当然还不敢怎么样，但眼是心的苗子，对大一点的宫女，总不免要瞟上几眼。也许是年纪轻的原因吧，总觉他轻浮。"

在宫女们眼里，光绪爷是非常正派的："绝不看我们一眼，总是带着微笑低着头来，低着头走。走路很安闲，在屋子里的动作也很斯文，任何时候也不毛手毛脚。"

据宫女的回忆和旗人的口述，大阿哥是一个典型的贵族公子哥儿，本性说不上多好，也说不上多坏，只知道吃喝玩乐，尽情享受。"说他傻吧，不，他也是聪明绝顶，学谭鑫培、汪大头，一张口，学谁像谁，打武场面，腕子一甩，把单皮（小鼓）打得又爆又脆。对精巧的玩具，能拆能卸能装，手艺十分精巧。说他机灵吧，人情上的事一点不通。在宫里，一不如意就会对着天长嚎，谁哄也不听。"

到后来，在"庚子西狩"的逃难路上，他玩心依旧，一路上养兔子、狗、蝈蝈，等后来端王府从京城送来了油葫芦，随行小太监们又为他弄来鸽子玩。跟着慈禧避难西安时，他常常带着小太监溜出行宫去看戏，还在戏院和人打了起来。

“他根本不懂得当皇帝是什么。”宫女何荣儿晚年回忆说，“我真不知道老太后一定要让他预备当皇帝是什么意思？”

旁人都看得出，这位“大阿哥”完全不是一块当皇帝的料。一直以为祖宗看守江山自居的慈禧太后此时到底在想些什么呢？是在被光绪帝的“背叛”激怒后，宁可挑一个可任由自己摆布的傀儡来充数；还是暂时拿这位“大阿哥”做一枚随时可弃的棋子，用来“挪掉”不听话的光绪帝呢？

但有一个人的心思则路人皆知，他就是大阿哥之父、端郡王载漪。

载漪一直以自己曾错失入继大统的机会为憾。从血缘上说，他是惇亲王奕誴的次子，道光帝之亲孙。因瑞敏郡王奕志无子，咸丰帝在世时命其过继袭郡王爵。载漪为光绪帝的堂兄，长光绪15岁，是正儿八经的“龙孙”。当年同治帝驾崩时，如果从“载”字辈近宗中挑选嗣皇帝，载漪本来也是有一丝机会接近帝位的。

载漪的生父奕誴，京城人称“小五爷”，是道光帝众子里的一个“异类”。和他两位亲兄弟恭亲王、醇亲王做派不同，他生性粗荒，行事大大咧咧，对外不摆王爷的架子，很有平民范儿。

夏天经常穿一件粗葛布的短褂子，坐在什刹海纳凉，边摇蒲扇边跟不相识的路人欢聊。冬日里则裹上一件老羊皮袄，一个人溜到正阳楼去吃烤羊肉，甚至在“大酒缸”跟脚夫轿班们一起喝“二锅头”。

载漪

[redacted]

溥儁

[redacted]

对这位率性潇洒的五皇叔，连慈禧太后有时都会忌惮几分。据说当年慈禧想废掉对她不够低眉顺目的儿媳、同治帝的皇后阿鲁特氏。当时奕誴主管宗人府，用一句“想要废从大清门抬进来的，必须也要是从大清门抬进来的才行”给“怼”了回去。在清代，皇帝大婚时，只有皇后享有从大清门进入的尊荣。小五爷意指慈禧的出身只是一个偏妃，没有废一位正宫娘娘的权力。

奕誴自己在政治上无甚作为，当年做皇子时也是最早“出局”帝位竞争的。但他的几个儿子似乎都不那么甘心无缘于问鼎“神器”。等光绪帝被囚禁在瀛台后，老惇王这一支的龙孙们异常活跃起来——载漪、载濂、载澜三兄弟开始密谋废黜光绪、拥立溥儁之事，并最终成为挑起庚子之乱的祸首。

溥儁被册立为“大阿哥”后，一股以载漪为首，载勋、载濂、载澜等宗室亲贵为核心的政治新势力形成。他们很快和朝中另一股势力结盟——以大学士徐桐、崇绮、刚毅、启秀为首的“弘德殿师傅”一派。他们的共同目标是尽快废黜光绪帝，排除一切干扰把溥儁推上帝位。姑且称之为“大阿哥党”。

“弘德殿师傅”一派，是指以徐桐、崇绮、刚毅、启秀等人为首的小团伙。他们都是极端守旧派，对光绪帝在戊戌年发动的“新政”极为不满。等溥儁被立后，崇绮被慈禧任命为大阿哥的师傅，徐桐负责照料弘德殿，刚毅、启秀被提拔进了军机处，因此他们迅速结为一小派系，日夕密谋废黜光绪帝之事。

除了政见分歧外，身为大阿哥师傅的崇绮一心推动废黜光绪帝，还因着更深一层的积怨。他是前朝国丈，同治帝皇后的父亲，对慈禧当年安排“载”字辈的载湉入继大统一直怀有不满，对女儿在同治帝驾崩后选择绝粒自杀更是无法释怀。等戊戌政变后，这位赋闲二十多年的承恩公开始动了心思，他与大学士徐桐、尚书启秀等开始往来筹议，积极策划废立之事。

在慈禧授意下，大学士徐桐首先开始舆论造势。在随后的八旗官学考试中，他出了这么一道题目——“使之主祭，而百神享之；使之主事，而事治，百姓安之”。

此语出自《孟子》，孟子以舜继尧之帝位来宣讲有关帝位传承的合法性：让他（舜）主持祭祀而百神享用，这是天接受了他；让他主持政事而政事有条不紊，这是老百姓接受了他。徐桐以此为考题，是暗指大阿哥溥儁承嗣同治帝，是天意和民心所向。

紧接着，徐桐、崇绮草拟了一份内外大臣联名吁请废立的奏稿。慈禧太后过目后，让他们先找她的心腹重臣荣禄商量此事。

在《方家园杂咏纪事》里，王照以栩栩如生之笔描绘了荣禄的应对。当荣禄看完两位来客的草拟奏稿后，忽然捂着肚子做痛苦状，说自己患了痢疾，要赶紧上茅房，把两位来客晾在厅里烤火取暖。荣禄随后到后屋，找自己的幕僚樊增祥商量此事。等荣禄再回到厅里，他对徐桐、崇绮说：刚才我还没看明白，等我再仔细读一下，于是从他们手中拿来奏稿，读了几行后，忽然快速卷成一团，塞进用来取暖用的炉子里，用拨火棍挑了挑。等稿纸燃烧起来，他对两人说：“我不敢看啊。”

徐桐大怒道：“此稿太后阅过，我们来，是奉懿旨让你阅看，你怎么敢这么做?”荣禄说：“我这就去见太后，如果真是太后之意，我一人认罪。”二人只得悻悻而去。

这些充满细节的故事如此生动，来源又如此私密，让人很难将其当作可靠的史料。但是，属太后一党的荣禄倒的确是明确不主张“废帝”的。当时他兼管总理各国事务衙门，担心此举会影响政局稳定，并引来列强干涉。在直劝慈禧无效后，他给太后献上一计——以他个人名义给张之洞、刘坤一等几位南方督抚发电报，私下打探一下他们对废帝的看法。

得到刘坤一态度坚决的不赞同后，荣禄随后给太后出了一个折中之法——以光绪帝“春秋已盛，无皇子”为由，在宗室近支中选立“大阿哥”（清代对皇长子的称呼）为光绪帝的嗣子，兼同治帝的嗣子，把他养育在宫中，然后慢慢等待时机。

原计划于庚子年元旦“废帝”之事因朝野舆论，尤其是外国反对而被迫搁置后，徐桐、刚毅、载漪、崇绮、启秀等人知道慈禧太后是被洋人钳制了。

对“废立”被搁置一事，最心急如焚的是端郡王载漪。

载漪很清楚自己根基不稳，于朝廷既无功勋，在百官中也无德望，儿子被立为“大阿哥”不过是因为自己一时受宠于太后。如果不趁着太后恼怒光绪帝的火候，一鼓作气地把自家儿子送上龙椅，此事恐怕会夜长梦多。老太后此时已年近七十，看着虽然还很聪健硬朗，一旦突然先撒手而去，抑或回心转意，母子重归于好，光绪帝重掌君权是大概率之事。

同时，载漪也恼恨于洋人对他们父子的轻视。溥儁被立后，非但没有外使按礼节登门朝贺，众人还颇有违言。据《戊壬录》所载，立嗣的诏书既下，载漪对仆人交代："各国公使将于今日来贺溥儁为大阿哥事，汝等宜预备茶点。"至夜寂然。初二日，载漪又命仆人预备茶点，至夜又寂然。初三日，载漪复命仆人准备茶点，至夜复寂然。"自是载漪之痛恨外人也，几于不共戴天之势。"

他需要借着一股外力来提振太后之气，而"非先制洋，不能振太后之气"。此时，山东地区一直剿不尽的"拳匪之乱"，让他嗅到了在混乱中搏一把的可能。

"大师兄"进京

义和团原本是长期流行于山东、直隶一带，以"反清复明"为口号的民间秘密会社，一般认为与白莲教等传统民间秘密团体有关。他们以设立神坛、画符请神等方法秘密聚众，称为"义和拳"，其中掺杂有大量传授信众"刀枪不入"的迷信愚昧成分。

随着西方列强对中国内陆地区的渗透，底层百姓和皈依天主教、新教的部分中国信众之间时有摩擦、冲突。义和团于是变更口号，打出了“扶清灭洋”的旗号。拳民们采取极端的排外手段，烧教堂、杀教士，抵制所有外国事物和“洋务运动”中的近代化建设。

他们把洋人称为“大毛子”，信奉洋教的中国人则被称为“二毛子”，一律格杀勿论。甚至通洋学、懂洋语、用洋货者，也惨遭毒手。据时人记载，拳民对使用如纸烟、小眼镜，甚至洋伞、洋袜者，辄置极刑。当时曾有学生六人仓皇避乱，因随身带铅笔一支，洋纸一张，“途遇团匪搜出，乱刀并下，皆死非命”。

对义和团，清政府最初的态度是“剿”。当时，山东巡抚毓贤是个极端排外的酷吏，他对义和团采取了放任措施，结果拳民杀戮传教士、教民的事件愈演愈烈。

毓贤被罢免后，1899 年 12 月，清廷又调袁世凯代署山东巡抚。袁世凯署理山东后，采用“明抚暗剿”的策略，成功地将义和团势力“逼”出了山东。拳民们开始向直隶等地转移、聚集。他们沿路烧教堂，并毁坏洋务运动中所建设的铁路、电线，杀一切洋人和“二毛子”，声势越来越大。到 1900 年 5 月甚至占领了涿州城。

在此期间，清政府又派出杨福同、聂士成等镇压，但因为种种原因，直隶地区的义和团运动此时已呈现出“诛不胜诛”的局面。

急着把儿子送上龙椅的载漪决定赌一把看看。据《戊壬录》，当时满汉官员谒见载漪，载漪见人辄谓之曰：“予见中国说部中恒有剑仙、侠客，何至今寂寂无闻？”谒者叩之曰：“汝欲剑仙、侠客何用？”答曰：“吾欲用其力以杀尽外国人。”谒者乃笑谓之曰：“世无剑仙、侠客久矣，汝将安所求？即求而获之，只杀一二外人，安能将外人尽杀之耶？汝欲杀尽外人，不必求诸剑仙、侠客也，但求诸义和团可耳。”

载漪和庄亲王载勋开始竭力向慈禧兜售利用义和团对抗外国的主张。他频频入宫觐见慈禧，极力称赞义和团御枪炮之法术甚灵，慈禧“因召入面试，于是太后亦信矣”。载漪在其所统率的虎神营练习义和拳术，成为北京军民最早学习此术者。随后，他又在自己的王府设立神坛，朝夕必拜。

戊戌政变后，慈禧对清廷中枢机构进行了大规模的调整和撤换。一方面清算了维新派官员，另一方面提拔亲信进军机处。到庚子年，她所钦定的“七大军机”为：世铎、荣禄、刚毅、启秀、载漪五位满大臣，王文韶、赵舒翘两位汉大臣。

这是一个颟顸守旧的满人官员完全占据上风的组成。其中，刚毅、启秀为极端保守派，载漪则心急火燎地想当太上皇。余下几位虽非顽固守旧派，但或明哲保身，或有所依附。首席军机大臣礼亲王世铎是“好好先生”；王文韶则为有名的政坛“不倒翁”，以“为人圆滑、性格软弱”著称；刑部尚书赵舒翘本以清明廉洁、有干才而有声望，但他是因着刚毅保举而得以升迁，故“极博刚之欢心”，而刚毅又逢迎于炙手可热的载漪。

此时的荣禄，竟成为枢臣中以一人之力与极端守旧派相抗衡的“满人中的至强者”。他虽深受慈禧的恩宠，但也越来越势单力薄、孤掌难鸣。

义和团的迅猛发展和愈演愈烈的杀戮事件，令在京的各国公使大为恐慌。他们纷纷要求清政府采取措施消灭义和团。在西什库教堂主教的请求下，西方列强于五月初一提出派“使馆卫队”入京，清政府先是拒绝后又被迫同意。五月初五，一支400多人的多国部队进入北京城，协助外国使馆人员防守义和团。

列强向北京派兵的举动，让清廷颇为不安，清廷于是一面继续发布镇压义和团的命令，一面又调集军队进入北京以防不测。在此情形下，和义和团关系密切的董福祥率甘军从南苑被调入北京城内驻守。

五月十四日，北京使馆区遭到围攻，对外的通讯也被切断。在东交民巷的使馆区，各使馆筑起防御工事，由英国全权公使窦纳乐负责指挥抵抗。使馆区内被围者约3000人，当中2000人为寻求保护之华人。

十五日，在永定门外，董的军队用刀刺死了日本书记官杉山彬，当时杉山彬正欲出城探望经清廷批准前来保卫使馆的日本警卫队。事后，荣禄亲赴日本使馆道歉。各国使馆人员于是前往总署抗议，诘责清廷到底是否有能力保护他们。

二十四日，德国公使克林德代表各国使馆前往总理衙门交涉，在崇文门外被载漪的部下射杀。流血的外交事件又进一步升级。

对义和团是抚是剿，慈禧的态度一直迟疑不决。五月初，她曾派赵舒翘、何乃盈去涿州对义和团进行实地调查。赵舒翘见拳民皆为市井无赖、乞丐穷民，极为沮丧，认为拳民不可恃。但"大阿哥党"成员刚毅随后也赶到涿州，他被拳民们现场表演的刀枪不入之"神功"所迷醉，向朝廷"力言拳民可恃"。

赵舒翘看到于他升迁有功的刚毅之态度，随后也转变口风，以含糊其词复命。在载漪的极力蛊惑下，慈禧开始默许拳民进京，并命载漪总率团务。

此时，端王一党已经控制了帝国京畿部队的军权。载漪身为总理各国事务衙门的大臣兼禁卫军虎神营总兵，他的胞弟载澜出任禁卫军右翼总兵，和他一党的庄亲王载勋则担任了京师步兵统领，负责把守京城九门。

在载漪等人的开门招抚下，大批拳民涌入京城"勤王"。据时人记载，他们以大红粗布包头，正中掖藏关帝神马，大红粗布兜肚，穿于汗衫之外。黄裹腿，红布腿带，手持大刀长矛、腰刀宝剑等。至五月二十二日运动更是达到高潮，"不分昼夜，鱼贯而来……通衢大街，尽是大兵，团民滔滔而行"；等到二十五日（6 月 21 日）清廷发布宣战上谕时，进京的拳民已经达到十几万人甚至更多，他们大多来自直隶中部地区和顺天府各州县。

迎接"大师兄"们最殷勤起劲的，当属以端王载漪为首的"大阿哥党"。当时载漪不仅在邸中设坛立团，朝夕虔拜，而且经

义和团男子

常召义和团首领赴端王府议事；刚毅、载澜改穿义和团装束，徐桐、崇绮也是笃信有加。就连宫中太监、卫士和部分清军也纷纷加入义和团，董福祥还与义和团首领李来中结为义兄弟。

一时，京城里到处都是裹着红头巾、作短装打扮的义和团“大师兄”。他们在城内各处设立拳场、神坛，竖起“扶清灭洋”的旗帜，很快便展开了反洋教行动，杀洋人、教民，焚烧教民房产和各种洋物。京城的社会秩序陷入一片混乱。

五月二十日，拳民们持刀围住一家卖洋药的“老德记”药房，点燃了木结构的房子，并不准周围人扑救。火势随之向四周蔓延，加上那天刮大风，霎时，全街都着起了大火，火势向煤市街、观音寺、廊房、前门大街蔓延，前门的箭楼和城楼也起了火。

这场大火持续了三天，总共烧毁民居7000余间，店铺1800余家，京城整个大栅栏商业区被毁，正阳门城楼被烧塌，“两百年精华，一朝而尽”，造成的后果不输于英法联军火烧圆明园。

“战”“和”御前会议

自大栅栏商区起火的当日起，慈禧在西苑仪鸾殿连续四日召开紧急御前会议，召六部九卿近百名官员商讨两个火烧眉毛的议题：一是对义和团到底是剿还是招抚利用，一是对派兵来京剿“拳匪”的洋人是战还是和。

慈禧太后的态度依旧摇摆不定，直至二十一日一封来由蹊跷的洋人“归政照会”触动了她最敏感的神经。

据与会官员恽毓鼎的日记，这份“归政照会”共有四条：一、指明一地，令中国皇帝居住；二、收各省钱粮；三、代掌天下兵权；四、太后归政。

事实证明，这是一份子虚乌有的“归政照会”。西方诸国从来没有向总理衙门递送这样一份文件，而现有的清宫档案里也找不到相关记录。但参加御前会议的官员们所留下的日记笔录里，均有对“照会”的清晰记载。

关于这份洋人“归政照会”的来路，一说是端王载漪授意军机章京连文胜伪造的，目的是刺激慈禧下定决心与西方宣战。而另据参加御前会议的官员恽毓鼎、袁昶等多人的日记，情报来自一名常去荣禄府邸“烧香”的江苏粮道罗嘉杰。

二十日深夜三鼓，经常往来于京沪的罗氏派其子到荣府送上了一份密报，里面说各国已经分头调兵来华，决定攻打北京，与中国宣战，并有照会四条云云。收到密报后，荣禄当晚绕着屋子徘徊了许久，然后第二日一早带着密折入宫向太后禀告。

有关“归政照会”的种种情形，至今仍是晚清史学研究领域的一桩讼案。罗氏是从何处捕风捉影得到这一消息？是在特殊历史背景下惶惶人心中，通过“合理想象”所孕育、生发的，还是别有目的之人在背后推波助澜？

最耐人寻味的是，当素来老练沉稳的荣禄收到这份来源不明的情报，又是出于什么动机将之送呈至慈禧太后面前？当时，他是枢臣中唯一与载漪、刚毅等人抗衡，竭力反对“借拳灭洋”攻打大使馆，并和董福祥等人争到撕破脸的地步的人。

二十日深夜，绕屋徘徊许久的荣禄到底在想些什么呢？

有学者提出一个大胆却很有说服力的推测：以荣禄的政治经验，他并不相信罗嘉杰这一小道消息的可靠性，之所以向慈禧太后呈上，是想“阳谋阴为”，以此力压载漪、刚毅等人，迫使慈禧太后下决心应西方诸国要求进行“剿匪”。

不管荣禄的真实动机如何，总之，这份照会确实起作用或反作用了。当读到这份要求她归政给光绪帝的“洋人照会”时，慈禧太后歇斯底里地大发作了。

当日（二十一日）未刻（下午1点到3点），慈禧再次传旨紧急召开御前会议，她当堂宣读了“洋人照会”中的三条，有意略去“太后归政”这条，然后情绪激动地说：“现在是他开衅，若如此将天下拱手让去，我死无面目见列圣！就是要送天下，亦打一仗再送！”群臣咸顿首曰：“臣等愿效死力。”官员中有当场痛哭流涕者。

据恽毓鼎的《庚子日记》记载：“群臣闻之悲愤，大半皆决战议。端郡王、侍郎溥良言之尤力。太后复高声谕云：‘你们诸大臣均听见了！我为的是江山社稷，方与洋人开仗。万一开仗之后，江山社稷仍不保，尔等今日均在此，要知我的苦心，不要说是我一人送的天下！'”

刚毅后来告诉与其交好的景善，说自己从未见太后如此发怒，“即前闻康有为之逆谋亦未如此之甚”，而在场的光绪帝则“面色灰白”。

第三日的御前会议继续就“战”还是“和”商讨争论。以载漪为首的“大阿哥党”继续“主战甚力”，诸王、贝勒及崇绮等二十余人痛哭合词面奏，“云非战不可”。反对宣战的，有联元、王文韶、许景澄，其中王文韶、联元和端郡王在朝堂上发生廷争。

二十三日御前会议上，慈禧最终决定对十一国宣战。当时，载漪极力主张攻打大使馆，联元等则力主不可，慈禧忽然说道：“此国家大事，当问皇帝。”

户部尚书立山在遇害前，曾向徐致靖讲过这次御前会议上的场景。自“训政”以来，一直在朝堂上恭默不语的光绪突然变得侃侃而谈，力言不可，说绝对没有和十一国同时开战之理。军机大臣王文韶听此，当场下跪磕头说：“圣虑及此，国之福也。”载漪立刻怒斥道：“王文韶，此时尚为此误国之言耶？”

另据吴永的《庚子西狩丛谈》，当朝堂上为“战”还是“和”争得不可开交时，光绪帝看到在场的吏部侍郎许景澄，就问他：“许景澄，你是出过外洋的，又在总理衙门办事多年，外间情势，你通知道。这能战与否，你须明白告我。”许回奏说：

“闹教堂、伤害教士的交涉，向来都有办过的。如若伤害使臣，毁灭使馆，则情节异常重大，即国际交涉上，亦罕有此种成案。不能不格外审慎。”

许景澄，浙江嘉兴人，同治年间进士，是张之洞的弟子，与张关系甚密。他曾担任清国驻欧洲诸国公使多年，参与过和沙俄的谈判，是清廷官员中少数熟知外交和洋务者，被朝中视为“帝党”之一。

据吴永分析，光绪帝此时心急，清楚以大清实力是万万不能因拳民之事和外国开战的，但是当时整个朝议已被端、庄二王所把持，他无法直接宣明自己的态度，于是有意在朝堂上借询问许景澄的意见，特欲倚以为重。

当听到许景澄的回奏，光绪帝知其会其心意，一时激动，竟然下座“持其手而泣”，许氏亦泣。太常寺卿袁昶和许班次相近，他也在一旁陈奏，又因心情激动、忠义奋发，“不免同有激昂悲戚之态度”。

因为许景澄的奏语比较平和，太后一开始没怎么留心他说的话。当她转头看到光绪帝与许景澄手握着手，并和袁昶三人共涕的场景，立刻疑心许、袁二人必有何等密语刺激皇上，顿时勃然大怒，即注目厉声曰：“这算什么体统？”光绪帝才放开许手。数日后，许、袁二人被斩首，对外公布的罪状是“勾结洋人，莠言乱政，语多离间”。

在庚子年逃难路上，曾国藩的孙女婿、时任怀来县令的吴永因接驾有功，颇受慈禧太后信任，常常一日数次被召见。张之洞知吴在太后面前说得上话，特意嘱托他寻机为“拨乱反正”向慈禧进言。当时正处于清廷和外国议和阶段，关于如何处置“大阿哥”这样的敏感问题，吴永都成功地向太后进言。

在一次召见时，吴永想为庚子之乱中被冤杀的官员许景澄、袁昶二人争取平反，谁知触到了“逆鳞”。之前一片和风细雨的太后顿时“目光直注，两腮迸突，额间筋脉悉偾起，露齿作噤龂状”，厉声曰：“吴永，连你也这样说耶?”随后列数许、袁二人“罪状”。无他，即御前会议上君臣三人执手相泣这一幕，以及她最耿耿于怀的那句光绪帝喊出的“许景澄你救我”。“还有一毫体统么?”慈禧一边回忆，一边愤怒地向早已吓得汗流浃背的吴永叙说，并让在一旁的光绪帝为她作证。光绪帝只是沉默不语。

吴永后来又向其他官员求证，他们都说没听到光绪帝向许景澄呼救之语。然而，太后的怒火又如此的真切。他于是认为，这是慈禧“殆以疑心而生误听也，究其症结，盖太后已入荣（禄）言，以为各国业经决定宣战，故开此会议以谋应战之方略，是战与不战，已无复拟议之余地”。

在一片混乱中，“大阿哥党”压倒性地把控了朝堂，正常的议政、司法程序完全被破坏。等清廷于五月二十四日正式下诏对十一国宣战后，之前在御前会议上和端王一党发生“廷争”的五位高官迅速被逮捕、处斩，他们是兵部尚书徐用仪、户部尚书立山、吏部侍郎许景澄、内阁学士联元、太常寺卿袁昶，史称“庚子被祸五大臣”。至辛丑年，清廷下诏为他们平反并恢复名誉，故又称“庚子五忠”。

端王一党借此大开杀戒立威，把与自己意见不合的朝臣们送上了断头台。如果不是北京城数日后沦陷，反对宣战的大学士王韶文、尚书廖寿恒等人的性命也岌岌可危。

“庚子五忠”中，户部尚书立山原是慈禧的宠臣，在内务府就职多年。早年，他曾和庄亲王载勋争夺一名妓女以及在钱财方面结过一些私怨，这回也被载勋借机公报私仇，诬告他家中有直通西什库教堂的密道。拳民在他家搜检不得后，“将该尚书拿至坛中，焚香拜表，神即下坛，斥以勾通洋人，行踪诡秘”，遂将其处斩。

当时，京中义和团已经喊出了“杀一龙二虎十三羊”的口号。“一龙”是指光绪帝，“二虎”分别为洋务派首领李鸿章和时任总理衙门大臣的庆亲王奕劻。“十三羊”一说为“三百羊”，泛指朝中一切不赞同和洋人开战的官员。

在宣战诏书下达数日后的一个清晨，端郡王载漪、庄亲王载勋、载濂、载瀛领头带着一群缠着红头巾的“大师兄”闯进皇宫，说宫里潜藏有“二毛子”。据当日值班的内务大臣文年所述，载漪在宫殿外叫嚷着让光绪帝出来，说他是“二毛子”。

当时，慈禧正在吃早茶，听到外面有叫嚣之声，赶紧奔出来，站在台阶上，对端王怒斥道：现在虽立汝子为大阿哥，顷刻就可以废之，你以为当国事纷乱的时候，就可以随便胡闹，赶快带人出去，没有奉旨召见，不许随便进来，并须磕头请罪！随后命罚载漪俸禄一年，以示薄惩，对在宫中叫嚣的拳民首领处以斩首。光绪帝经此惊吓，随后向太后叩谢保其性命之恩。

北京城此时完全失序了，到处是缠着红头巾、拿着大刀的“大师兄”，他们设祭坛作法，四处搜捕“二毛子”。当时，朝中要员徐桐、孙家鼐、那桐、曾广銮、贝子溥伦家中都遭到拳民洗劫。大部分京官弃宅躲到城南，孙家鼐则住进了安徽会馆，胆子更小的偷偷携带家眷从小路出逃，因此遭游匪抢劫的也不少。

这一年六月二十七日（实际生日是六月二十六），是光绪帝30岁的寿辰庆典。百官们照例到乾清宫入贺，他们从神武门入，东华门紧闭。到场官员人数寥落，勉强成朝仪。

当京城和清廷中央机构一步步陷于混乱和瘫痪之时，地方的督抚们开始行动了。

之前，张之洞、刘坤一等就多次发奏电，督促朝廷务必尽快下严令进行剿匪、维持秩序。当慈禧于五月二十五日以光绪帝名义对十一国下达宣战诏书后，主管邮传的洋务派官僚盛宣怀下令各地电信局扣押该诏书，只给各地督抚观看，并且电告他们不要服从此命令。时已南下出任两广总督的李鸿章则干脆直接复电朝廷：“此乱命也，粤不奉诏。”

李鸿章的带头示范，再加之盛宣怀的联络、策划，上海道余联沅、两江总督刘坤一、湖广总督张之洞、闽浙总督许应骙、四川总督奎俊、山东巡抚袁世凯都加入了“抗旨不遵”之列。

在上海，他们和参战国达成《东南互保章程》，其中有：“无论北方情形如何，请列国勿进兵长江流域与各省内地；各国人民生命财产，凡在辖区内者，决依条约保护”，史称“东南互保”。

这些地方督抚声称所谓“宣战诏令”是皇上在拳匪扶持之下的“矫诏”，故拒不执行。大员们的政治话术也点破了部分真相——这一敕令确为“矫诏”，虽然挟持光绪帝的并非“拳匪”。

据学者徐梵澄在其《蓬屋诗存》中所载：当时，张之洞的幕僚们商量该如何措辞回复朝廷，有幕僚拟用“臣罪待东南，不敢奉诏”。张之洞奋然掷烟枪而起曰：“这老寡妇要骇她一下！改：臣坐拥东南，死不奉诏！”“老寡妇”，是大臣们私底下对慈禧太后的称呼。

东南各省封疆大吏和外国达成的“东南互保”协定，使得中国最繁华富庶、人口最密集的长江以南地区免遭战火和外强军事干涉；同时也揭示了一个既成事实——晚清的中央政府逐渐丧失了对地方的控制力，地方实力派崛起，成为一股左右政局的重要力量。

精明老练如慈禧，如何会相信义和团的那些“刀枪不入”“飞檐走壁”的神话；又如何至于被载漪一伙人哄骗、劫持，致使局面全面失控，并引发一场波及全国、涂炭数万生灵的国难？在“西狩”路上，慈禧曾向吴永讲述出宫情形，解释说是因为中间一段时期，洋人欺负得太狠了，自己也不免有些动气，“火气一过，我也就回转头来”。

让叶赫那拉氏动气的，是她的“废帝”计划一再被洋人们阻挠；戊戌政变后，康、梁等“逆党”在英、日领事馆的庇护下出逃至东瀛，并在海外不断发布刺激她神经的种种“内幕”；在更早年，当她还是一个年轻妃子，便留下了跟着丈夫咸丰帝在英法联军入侵北京城前夜出逃的屈辱记忆……种种旧怨新仇、国仇家恨交织在一起，她的内心一直压抑着一股仇恨外国的情绪。

己亥年（1899）十月正值慈禧万寿之际，海外华商在保皇派的鼓动下以祝寿为名公开发电，要求慈禧“归政”于软禁中的光绪帝。当时，枢臣们上陈海内外贺电时，有意隐去这一内容。谁知刚毅正好回京，于是又把该贺电全文上奏，慈禧果然雷霆大怒。遂于该年十月十九日下谕旨悬赏捉拿康、梁，并于同日向各省督抚颁发了一道充溢着“玉石俱焚气息”的命令。

该谕旨称：当下时局艰难，列强们虎视眈眈，而以我国财力兵力都不会主动开战。但是，“万一强敌凭陵，胁我以万不能允之事”，只能理直气壮、同仇敌忾。并要求各省督抚必须同心协力，杀敌致果，“正不必化干戈为玉帛”。

慈禧太后所谓的“胁我以万不能允之事”，指的正是要求她“归政”于光绪帝。自戊戌政变以来，“归政”二字已成为最刺激她神经的字眼。庚子之乱后，李鸿章、奕劻在北京负责与列强议和。在往来西安和京城的电文中，慈禧反复追问两位全权大臣

侵略军攻陷北京城门

的，就是外国所要求的条款里“有无万不能行之事”。

光绪二十六年（1900）五月二十一日清晨，当荣禄带来一份来源可疑的“归政照会”，这位掌握大清帝国实际最高权力的强势女人终于歇斯底里地大发作了。待到她“火气一过，我也就回转头来”，局面已完全失控。

七月十九日，共16000多人的八国联军突破清军和义和团的阻击，进逼北京城下，进攻东便门、朝阳门、东直门。英军率先由广渠门破城攻入。次日，北京失陷。

庚子之乱中，惠端亲王一支的贝子奕谟奉命看守西陵，他曾向人说：“我有两语赅括十年之事，因夫妻反目，而母子不和。因母子不和，而载漪谋篡。”

华之乱（下）——两宫西狩

西　逃

庚子年（1900）七月二十一日凌晨，紫禁城和颐和园里的宫女太监们听到远处好像有猫在叫（其实为子弹呼啸声），接着，东、南、北方向传来的猫叫声越来越多，到后来像是有几十只猫同时在叫。

那些天，他们知道外头有重要的大事在发生，但不知具体在发生些什么，只看老太后整天板着脸，一丝笑容也没有。“嘴角向左边歪得更厉害了，这是心里头憋着气的象征，不定几时爆炸。”宫女回忆说。她们都格外提心吊胆地小心伺候，免得自找倒霉。

天亮时分，李莲英惊慌失措地跑到慈禧太后所住的寝宫来禀告：“鬼子打进城里来了。”太后的脸色一片铁青。传早膳的时候，一颗流弹突然掉落在寝宫西偏殿的房上。

李莲英带来一个包袱，里头是汉人平民的衣物帽履。慈禧打扮成汉民老婆婆，光绪帝活像个做买卖跑外的小伙计。还有皇后、瑾妃，平日里常在慈禧面前服侍的格格、贵妇们，全部打扮成普通的汉人民女模样。

出逃前，光绪帝不想走，想留下来。他主动向“亲爸爸”请求，愿亲自去见外国联军，向他们解释和谈判。但在慈禧太后看来，光绪帝此举无疑是企图借助外国势力夺回“帝权”。

据王照的《方家园杂咏纪事》记载：“太后之将奔也，皇上求之曰：‘无须出走，外人皆友邦，其兵来讨拳匪，对我国家非有恶意，臣请自往东交民巷向各国使臣面谈，必无事矣。’太后不许。上还宫，着朝服，欲自赴使馆，小阉奔告太后。太后自来，命褫去朝服，仅留一洋布衫，严禁出户，旋即牵连出狩矣。”

出逃前一天，慈禧太后硬着心肠，做了一件给她和光绪帝关系留下永久伤痕的事——赐死珍妃。

珍妃离世时，年仅25岁。《清史稿》委婉地记录下她的命运结局：“（光绪）二十六年，太后出巡，沉于井。”按醇亲王载沣的说法，她是“径自投井”，他对珍妃在太后面前畏死、长跪求免的说法嗤之以鼻，认为珍妃性格高傲、绝非苟且偷生之人。但据宫女太监们的回忆录来看，更大可能性是被强行塞入井中。下达命令的是慈禧太后，执行者是太监崔玉贵。据崔玉贵的说法，此事应该是慈禧太后经过深思熟虑做出的决定，并非逃跑前慌慌张张、临时起意的。

据宫女回忆，光绪对珍妃过分的宠幸引起了宫廷内的不满，

“以老太后那种骄横的脾气，天下任何人没有敢给脸不接受的，不单单是光绪。给你娶的皇后，你偏偏不爱，在天下人面前伤了老太后的尊严，这种怨绝没有不报的道理。……‘不是不报，时间没到’，老太后的狠心是出名的”。

辛丑回銮之后，为缓和国内外的舆论，慈禧太后开始对外称珍妃是担心自己受辱，在洋人进宫之前投井殉节的。她特命珍妃娘家下井打捞，因为井口太小，不得不拆除井口。尸骨后被草草安葬在阜成门外恩济庄以南的宫女墓地中。

崔玉贵不久也被慈禧赶出宫，寄居于鼓楼后面一个庙里。他常去一个刘姓太监家串门。据他说，珍妃到死都是刚烈的性子，说“我罪不该死，皇上没有让我死，皇上要坐镇京师、维持大局”。

帝后们出逃时，贝子溥伦和光绪帝同坐一辆轿车，慈禧太后带着“大阿哥”坐一辆，其他嫔妃贵妇们则全部挤在一辆蒲笼车内。太后命嫔妃、随行女眷和太监宫女们不得带任何宫中宝物，只带银子。这正是她心思缜密的地方——万一路上被劫，也不至于暴露身份。

因为北方诸省持续闹“拳匪”，兵荒马乱，往日繁忙的商道一片萧瑟，就连有银子都买不到吃食。出逃的第一顿午饭是向路上的村民包下的一片庄稼地，从地里现摘的豇豆、老玉米煮熟了吃，再然后是用要来的米和豆混合煮的“水饭”充饥。

逃难路上，一行人极为狼狈。铺盖、行李、替换衣服一切均不及随带出京，三日夜间只睡在废弃寺庙的火炕上。天气炎热，衣服汗湿了，女眷们身上、脖子、腋下都长了痱子，奇痒并化脓。接着又是大雨瓢泼，衣服都淋湿了，中途还遭遇过土匪的枪击。

慈禧太后这位强韧的女性再次展现了狠劲儿，一路上一个苦字都不说，既不冒火气，也不露娇气，对环境完全采取逆来顺受的态度。銮驾出昌平，到怀来，经宣化，过怀安，八月初接近山西，那以后才开始有地方的供应，行路有军队护送。

出逃第三日至怀来，当地知县吴永前来接驾，送来豆粥和衣服，太后、皇上和一干嫔妃贵妇这才替换上了干净衣服，用秫秸秆当筷子喝下粥米。知县挨家挨户为太后找来五个鸡蛋，慈禧太后自己吃了三个，剩下两个让李莲英给皇帝送过去。这是这一对养母子在戊戌年后彼此唯一流露温情的片刻。

京城里的王公大臣们也陆续跟随而来，军机大臣王文韶将军机处的所有信印都带来了出来。这是极重要的事——意味着慈禧太后在路途上又能发号施令、调动一切了。

出逃的第四天，在怀来县城的衙门，又开始“叫起”。用过早饭后，已换上旗人装束的慈禧太后坐在堂屋东面的太师椅上，光绪帝坐在她的一旁，随行的满汉军机大臣均到场。在慈禧的懿旨下，王文韶连夜赶回京城，庆亲王奕劻之后也遵命回京。这是议和的开始。

她又命时任两广总督的李鸿章北上负责议和。这位自甲午后已身败名裂的“晚清第一重臣”此时已重疾在身，于是只得撑起病躯再次为大清收拾残局。

七月二十六日，到达直隶的鸡鸣驿后，慈禧以光绪帝的名义下了一道“罪己诏”。在这份诏令中，慈禧将所有罪责都一概推卸干净，言明庚子国难是因为“大小臣工”误国；接着是褒奖了抗旨不遵、搞“东南互保”的张之洞、刘坤一等东南诸督抚，称他们为“朝廷赤子”。同时也有“卧薪尝胆，勿托空言，于一切用人、行政、筹饷、练兵，在在出以精心”之句，这为清末“新政”的发动埋了引子。

“西狩”路上，慈禧太后先后颁布多份诏书，把引发国难的罪责依次推卸给“无知拳民”、颟顸的诸王大臣以及地方官府，认为“民乱”全因地方管理不善、诉讼不公，而导致民怨载道，使得义和团发展壮大。此外，还有光绪帝，所谓“西巡后，掩饰纵匪，强颜回护，句句不通之诏书，皆令皇上自承之”“臣民有罪，罪在朕躬”。

但在和吴永的一次召对中，这位骄傲的女人承认国难虽是因误信载漪而起，但自己才是真正的“祸首”——“我总是当家负责的人，现在闹到如此，总是我的错头，上对不起祖宗，下对不起人民，满腔心思更向何处诉说呢？”

另据德龄的回忆录，慈禧太后晚年追忆起庚子国乱时曾亲口承认：“综余生平，惟此谬误”，甚至面对光绪帝都有了“内惭其子”的愧疚感。平生第一次，这位喜欢处处和大清鼎盛时期的乾隆帝看齐，并自认为比英国维多利亚女王还要厉害许多的强势女性低下了高傲的头颅。

在议和的谈判过程中，在外国的要求下，清廷前后发了三道谕旨惩办庚子之乱的“祸首”诸臣。庄亲王载勋赐自尽；端郡王载漪、辅国公载澜因念为皇室懿亲，由“斩监候”改为加恩发配新疆，永远监禁；除刚毅、徐桐一病死一自杀外，毓贤、启秀、赵舒翘等一干人等全部被处以极刑。

结局最令人骇然的是赵舒翘，他体质素来刚健，在吞毒（一说吞金）、服食鸦片、进砒霜皆不咽气后，行刑官在一旁等得不耐烦，遂用皮纸蘸烧酒将其闷死。

至于大阿哥溥儁，在载漪被惩办百日后也被废黜，“命出宫”。从青年到老死，他继续在女色、烟、酒、鸦片中稀里糊涂地过日子，又被人骗了王府几辈子积累下的钱财、珍宝、字画。至民国年间，他双目失明，在贫病交加中凄凉死去。

至此，戊戌年所遗留的问题才有了一个句号。

驻跸西安期间，光绪帝的处境比在北京时有所改善，多了一点人身自由。慈禧在决定国事时，也会咨询他的意见，“但帝仍不敢自伸其意”。但有一事，太后听从了皇帝的请求，就是再调孙家鼐入军机。光绪二十六年（1900），这位帝师在“己亥建储”后请辞了军机之职——在孙家鼐看来，慈禧此举无疑是“废帝”。

大洗牌

在“人为刀俎我为鱼肉”的情况下，李鸿章经过数月努力，艰难地打开局面，采用分而化之、各个突破的外交手段，百般斡旋，“对俄秘密交涉，对美、法请求调解，对德国道歉，对日本动以种族情感相召，对英以长江商业利益之保护为词……”。如唐德刚所言“把入侵列强挑拨离间得七零八落”，最大限度地为大清争取到领土的完整和政权的稳定，并把赔偿金额从原来的10亿两降到了4.5亿两。

这最终吞噬掉他所剩无几的精力和体力。在两宫回銮的路上，传来了李鸿章吐血而亡的噩耗，慈禧太后、光绪帝及随行百官顿时全体茫然，“遽闻溘逝，震悼良深”。连过去那些一直以他为敌的人也意识到清廷自此失去了一位无可替代的人物。

慈禧太后于是下诏，称他为于清室有再造之功的“柱石重臣”，谥文忠、追赠太傅、晋封一等侯爵、入祀贤良祠，将其生平战功政绩“宣付国史馆立传”。除了下旨在其家乡建立专祠外，还在京师建立专祠，列入祀典，由地方官春秋致祭，“以顺舆情而隆报享，用示笃念荩臣至意”。

如我们所熟悉的观点：《辛丑条约》的签订，在一定程度上表明了列强对中国主权和财政收入的控制达到了最高点，中国完全沦为帝国主义的半殖民地，清廷面临着严重的统治危机。但在

辛丑议和（首排右二为李鸿章）

另一方面，《辛丑条约》的签订，也激发了慈禧发自内心的自强、雪耻的意识，推动了其对“新政”的反思。

庚子年十二月初十，慈禧在西安以光绪帝的名义颁布了实行“新政”的上谕。这次清末新政，又称“慈禧变法”，以区别于光绪帝在戊戌年所推动的维新变法。

逃亡路上，当得知珍妃死讯后，光绪的眼神“像死羊一样，默默的”。珍妃的死讯，对他是摧毁性的打击。连宫女们都为他感到心痛——做了三十年的皇帝，连自己唯一知心的女人都庇护不了，问都不敢问一声，也真让人可怜了。

到山西后，光绪帝整天默默地坐着，对任何人都是淡淡的，对吃什么喝什么完全漠不关心，每天六菜一汤，不挑不拣，到西安也是这样。最愉快的时候，就是和太监们下象棋，很平易近人；下完后仍然像一块木头，两眼痴呆地一天不动，过去急躁、爱发脾气的性格根本不见了。

好像他下定决心，不管外界如何，他只是装痴做哑。“一个血气方刚的人，收敛到这个程度，也是非常痛苦的了。”老宫女何荣儿回忆说。

珍妃之后，光绪帝再也没有亲近过其他任何女人。

对于这位“废帝”，连宫中小太监也非常怠慢。日常用度上，凡靴子、内衣、小褂这些外头看不到的地方，破旧了不给及时更换。光绪也不求人，似乎毫不在意。

在庚子西狩期间，常入行宫召对的吴永看到的景象是：太监们对皇上“殊不甚为意，虽称之为万岁爷，实际不啻为彼辈播弄傀儡”，而光绪帝亦“萎靡无仪表，暇中每与诸监坐地作玩耍”。这让吴永纳闷这位天子到底是在“韬光养晦”，还是真的有些疯傻了？

倒是大总管李莲英对皇上还时有关照。据王照所录，《辛丑条约》签订后，慈禧携光绪帝和文武百官返京，走到保定时住下。太后睡觉的地方，被褥铺陈华美、供应周备，李莲英的住处也安排得很好。

李莲英侍候慈禧睡下后，前来探望光绪帝。见他在灯前枯坐，小太监无一人在殿内值班，一问才知皇帝竟然铺的盖的都没有，时值隆冬季节，根本无法睡觉。李莲英当即跪下抱着光绪的腿痛哭：“奴才们罪该万死！”并把自己的被褥抱来恳请光绪将就用一晚。

光绪后来回忆西逃的苦楚时曾说：“若无李安达（满语，意为伙伴），我活不到今日。”流传于民间的野史都说李莲英如何百般虐待光绪，甚至有说光绪是被李莲英用一块包了砒霜的手帕给活活闷死的。

考察宫中回忆录以及和宫中有往来之人的笔记，这些说法都站不住脚，更是低估了这位能在慈禧太后面前得宠几十年的大红人之心机和生存之道。在处理皇帝和太后关系的问题上，他和荣禄一样“摇摆不定”。

即使在个人最为风光、最“长脸”的时候，这位总管大太监都留着一份清醒和小心，并且处处都为自己留下后路。早年奉懿旨随老醇亲王奕譞视察北洋水师，他行事之小心恭谨，硬是让虎视眈眈的言官们抓不到一点可以弹劾的把柄。

“像他们这样的大太监在宫里当差做事，就和走钢丝一样，永远不能失神。”老宫女何荣儿评论说。但她注意到，到戊戌年以后，慈禧太后就不太信任李莲英了。

到了戊戌年间，他在宫里的处境就很为难了，要么忠心于太后，要么就忠心于皇上。随着太后的意思，就得处处得罪皇上；如果太后走得早，自己的脑袋就要搬家；如果不顺着太后的意，马上小命就有问题。既要顾着眼前，又要留着后路。

李莲英的左右游移、凡事给自己留后路的态度，自然被慈禧太后瞧出来了，后期对他逐渐失去信任，崔玉贵开始得宠。慈禧派到瀛台监视光绪帝的，是他；把珍妃塞入井里的，也是他。而崔玉贵也曾亲口告诉别人，说自己是没有明天的人。

庚子之后，光绪帝“复位”、再掌君权的可能性似乎越来越大。从西安回銮的路上，李莲英对光绪帝尤为上心与尽心，正是为了暗暗埋下光绪帝对他的好感。

到辛丑（1901）年，晚清的政坛又经历了一次大洗牌。

去世前一日，预感到自己命不久矣的李鸿章反复斟酌，由于式枚执笔，口授遗疏向清廷保荐袁世凯为直隶总督的继任者，内有“环顾宇内，人才无出袁世凯右者”之句。辛丑年九月二十日，袁被任命为直隶总督兼北洋大臣，成为李鸿章的“接班人”。

崔玉贵（首排左）与李莲英（首排右）

袁世凯在清末政局中的崛起，很大程度是因为他在庚子、辛丑年间颇为亮眼的表现。一是在山东处理“拳乱”时拿捏到位；二是在庚子之乱中加入了“东南互保”联盟，使处于中国北方的山东成为战争期间清政府与各省联系的中枢，并由此以晚辈之姿一跃上升至张之洞、刘坤一等政坛大佬之列；三是在两宫“西狩”期间，他源源不断地把银子、绸缎、米粮、军火等贡物运到太原、西安，博得了太后的欢心。

到辛丑年，袁世凯不仅取得了国内地方督抚对他的器重、慈禧对他的支持，还获得了西方列强的好感。

另一位值得注意的新贵，是光绪帝的异母弟、小醇亲王载沣。按《辛丑条约》，因德国公使克林德在“庚子拳乱”中被杀，德国方面要求清廷派出皇帝的亲弟弟作为代表到德国道歉，以示郑重与诚意。

经李鸿章和德国领事馆协商，最终慈禧授命年仅18岁的小醇亲王载沣作为头等专使大臣出使。在德国，载沣受到了隆重的礼遇，算是“圆满地”完成了这一带有屈辱色彩的使命。

笃信“天命”的慈禧太后也一定意识到了什么。她的反应和动作也很快——在回銮途经保定之时，迅速地把心腹重臣荣禄之女瓜尔佳·幼兰指婚给载沣。瓜尔佳氏自幼常到宫中，是慈禧的养女，非常受宠。当时，皇室宗亲尤其是近支王公贝子的婚姻，须经过皇帝和太后的批准。

据说，荣禄之女此前已有婚约。但是，无论是荣府还是醇亲

奕劻

王府，谁都不敢违抗太后的旨意。按慈禧的懿旨，这场婚礼安排得极为隆重，是以皇子的规格来举行的。光绪三十四年（1908），载沣和瓜尔佳氏诞下他们的长子，即后来的末代皇帝溥仪。

“庚辛”之后，庆亲王奕劻成为首席军机大臣，权势大隆，在政坛新贵袁世凯的拉拢下，二人迅速结成了一股新的政治势力，并试图左右清末“新政”的走向。他们和在庚子之乱后崛起的“清流”瞿鸿禨、岑春煊一派展开了激烈的政治斗争和权力争夺。在“预备立宪”中，两派就“官制改革”等问题大打出手，是为清末“丁未政潮”。

最终，岑、瞿在这场权力斗争中失利，二人均被罢免，但慈禧太后也因此对袁世凯和北洋系有了警惕。她开始有目的地栽培载沣。因为兄长光绪帝所遭遇的一切，年轻的载沣对“告密者”袁世凯抱有很深的敌意，天然是牵制袁的力量。

光绪三十三年（1907）五月，慈禧命年仅24岁、没有任何政治经验的载沣到军机处“学习行走”，接着又赐西苑门内骑马、穿带膆（嗉）貂褂的优赏。这些本来都是皇帝体恤臣下，给予年老体弱大臣的尊崇，如今却给了一个刚刚二十出头、尚无真正功勋的年轻人。这实际上是对其进一步提拔的准备和暗示。

待载沣和瓜尔佳氏诞下他们的长子后，慈禧命将孩子带入宫内教养，并在上书房读书。

最后的“母子一心”

辛丑年十二月初十（1901 年 1 月 29 日），慈禧在西安以光绪帝的名义颁布了实行“新政”的上谕，就朝章国政、吏治民生、学校科举、军政、财政，要求中外臣工献计献策，其中出现了“母子一心”“一意振兴”等字眼。

在这份上谕里，慈禧首先借光绪帝之口阐明了变法革新的合法性，所谓“世有万古不易之常经，无一成不变之治法”，言明变法目的是为了“渐图富强”，直接导火线即是庚辛之祸的触动，并强调了慈禧太后本人的决心——“懿训以为取外国之长，乃可补中国之短；惩前事之失，乃可作后事之师”。并提出此次变法不应只学习西方的皮毛，而应该从文化习惯与法制上有进一步突破，所谓“法令不更，锢习不破，欲求振作，当议更张”。

似乎是为了挽回某种颜面，慈禧在借光绪帝名义发布的“新政”上谕里，特别强调这次倡导的“变法”和四年前夭折的那场“变法”有根本不同，说戊戌变法乃是康党谋逆的“乱法”，而她当时发动宫廷政变乃是“剪除乱逆”，是为了挽救光绪帝于濒危而锄奸于一旦。

这一道明谕下发后，群臣中应者寥寥。对大部分官员来说，三年前维新派遭受的严惩还历历在目，他们有足够理由担心这是慈禧太后借皇帝之名来试探廷臣督抚。尤其是张之洞、刘坤一等几位重臣，他们思忖再三，不敢轻举妄动。

时隔四个多月后，清廷再次发布上谕，表达了朝堂对“洞达中外时务者”的渴求。为了打消群臣的疑虑，上谕一开头即言明是光绪帝“钦奉皇太后懿旨”，并再次强调“母子一心”，“惩往日之因循，思得贤以辅治”。

当时，伴驾随行的吴永成为张之洞探知宫闱动向的“密探”。光绪二十七年（1901）四月，吴发密电告知张之洞：“大哥眷衰，两宫和。”五月又电：“后日为上（光绪帝）梳一辫，不交言。后及大哥皆食于大厨房，不得内。妃亦异寝……”和皇帝不睦的皇后以及有利害冲突的大阿哥都改在大厨房用餐，这说明两人在宫中地位下降，光绪帝的地位有所上升。慈禧的这一次表态，加上她重新调整和光绪帝关系的姿态，终于让群臣感受到了太后变法的决心。

两江总督刘坤一、湖广总督张之洞随之应诏上疏，即清末著名的《江楚会奏变法三折》。三折由刘坤一领衔，张之洞主稿，立宪派张謇、沈曾植、汤寿潜等参与策划，洋洋共三万余言，系统地提出了兴学校、练新军、奖励工商实业和裁减冗员等改革措施。清廷以其所奏事多可行，下令按照所陈，“随时设法，择要举办”。

《江楚会奏变法三折》成为清末新政的改革蓝图。此后清廷所行的新政，大多未逾其范围。

至八月二十日，即两宫从西安启程回銮的四日前，慈禧太后又发文告嘉许刘、张二人为新政献策之举，第三次强调“母子同心，力图复兴”的姿态：“尔中外臣工，须知国势至此，断非苟且补苴所能挽回厄运，惟有变法自强，为国家安危之命脉，亦即中国民生之转机。予与皇帝为宗庙计，为臣民计，舍此更无他策。”

以上三次“母子一心”的明谕，发布于清廷宣布变法、延揽人才、催促各省采取切实行动支持变法的当口，不禁让人联想到光绪帝自甲午至戊戌年所推动的求贤、自强和变法的一系列举措。

清末的这次新政，又称为“慈禧变法”。相比光绪帝在戊戌年推动的变法，“慈禧变法”中的举措更为激进和彻底。历史的吊诡之处在于，这位戊戌变法的“终结者”竟成为光绪帝新政的继承人。

回京的最后一段行程，慈禧太后携光绪帝特意乘坐建成通车不久的保定至卢沟桥段铁路，以此结束历时五百多天的“西狩”。神秘的大清王朝“第一家庭”首次以庞大阵容出现在公共场所，一时引起了在华洋人的好奇和注目，也因此留下了不少现场记录。

“瑾贵妃年纪甚轻，神奇活泼，面带欢容……装束极华丽，脂粉甚浓，于列车中往来经过，凡关于火车之事，莫不注视。与宫眷等讲话，声音清脆……凡宫眷所戴珠宝极多，皇后所戴则尤佳……太后召见大员，约一刻余钟。皇帝侍立太后身旁，静默无声。偶尔发言，足以表现其聪睿，而面貌则有懈怠之色。皇后相貌亦好，然吾侪欧人观之，则觉脂粉太多，反掩其美。亦如皇帝面现忧闷之色，其视周围诸物，皆无兴致，所穿衣服颜色均静雅。”外国人由此得出结论：此次宫廷乘火车，与将来中国铁路事业之发达，颇有关系。老外们还有一个有趣的发现——宫眷们爱抽雪茄（其实是卷烟），故认定这也是一个大好商机。

慈禧太后之所以选择乘坐火车结束“流亡”，正是为了展示她对“新政”和现代化事物的拥抱姿态。

十一月二十八日下午2时，两宫抵达已离开500多天的北京城。据宫中档案，当天，光绪帝诣正阳门关帝庙菩萨殿拈香，还宫；诣乾清宫，跪迎皇太后至列圣御容前，随同行礼；奉皇太后还宁寿宫；诣奉先殿、寿皇殿行礼。次日，又诣太庙行礼，诣大高殿拈香。自回京当日起，光绪帝恢复了被慈禧剥夺的主持祭祀坛庙之权。

在儒家礼制中，宗庙祭祀是皇权的重要象征之一。戊戌政变后，慈禧以光绪帝“生病”为由剥夺了他的主祭权，并随其心意差派其他宗室王公代为主持。在己亥至庚子年间的代祭者中，

两宫回銮时，马家堡火车站接驾情形

有怡亲王溥静、睿亲王魁斌、郑亲王凯泰、礼亲王世铎、庄亲王载勋、克勤郡王晋祺等人，还有慈禧的亲信庆亲王奕劻，以及一度权势煊赫的端郡王载漪和“大阿哥”溥儁。

光绪帝恢复这一象征性权力，带来一个很直接的结果：清代皇帝的祭祀事务颇为繁重，慈禧太后又一直把光绪帝看得死死的，从不让他离开自己的视线。于是乎，这位年过七旬的刚强老太经常得不辞辛苦地“携”皇帝频繁奔波往来于紫禁城、西苑、颐和园和北京各大祭祀场所。

隔阂在这对母子之间最深的一道情感伤疤是珍妃问题。回京不久，慈禧就把太监崔玉贵赶出宫，声称自己只是一时生气，并没有加害珍妃的意思，是崔玉贵自作主张逼死了珍妃；对外则宣传说珍妃是因为仓促之间来不及出逃，为了免受污辱在宫中自杀的，以其“节烈可嘉”，加恩追赠贵妃位号，并将其事迹写进了《清实录》里。

光绪帝要来了珍妃被囚禁时用过的帐子，挂在自己寝宫的密室，睹物思人，“不时徘徊帐前饮泣而已”。

恽毓鼎追缅光绪帝时，曾如此心痛地总结这位天子一生所遭困厄：“无母子之亲，无夫妇昆季之爱，无臣下侍从宴游暇豫之乐。平世齐民之福，且有胜于一人之尊者。”在宫中和珍妃相知相伴的那几年，是他三十七年孤凄人生中为数不多的闪亮日子。

回到京城后，慈禧开始陆续推行她的“新政”，改革的内容和力度都远远超过光绪帝在戊戌年的变法。

光绪三十一年（1905）五月，慈禧派载泽、端方等五大臣出洋考察。光绪三十二年（1906）七月十三日，清廷颁发了《宣示预备立宪谕》。

光绪三十四年（1908）八月初一，清廷颁布《钦定宪法大纲》，大纲共23条，其中“君上大权”14条，“臣民权利义务”9条，通篇除涵括“议院不许干涉君主”等各势力妥协之产物，亦具备了“臣民需在法律范围内行使权利”等条款。随着《大清报律》等法案先后出台，立宪的用意更加彰明。

《钦定宪法大纲》原文：

君上大权

一、大清皇帝统治大清帝国，万世一系，永永尊戴。

二、君上神圣尊严，不可侵犯。

三、钦定颁行法律及发交议案之权。凡法律虽经议院议决，而未奉诏命批准颁布者，不能见诸施行。

四、召集、开闭、停展及解散议院之权。解散之时，即令国民重行选举新议员，其被解散之旧员，即与齐民无异，倘有抗违，量其情节以相当之法律处治。

五、设官制禄及黜陟百司之权。用人之权，操之君上，而大臣辅弼之，议院不得干预。

六、统率陆海军及编定军制之权。君上调遣全国军队，制定常备兵额，得以全权执行。凡一切军事，皆非议院所得干预。

七、宣战、讲和、订立条约及派遣使臣与认受使臣之权。国交之事，由君上亲裁，不付议院议决。

八、宣告戒严之权。当紧急时，得以诏令限制臣民之自由。

九、爵赏及恩赦之权。恩出自君上，非臣下所得擅专。

十、总揽司法权。委任审判衙门，遵钦定法律行之，不以诏令随时更改。司法之权，操诸君上，审判官本由君上委任，代行司法，不以诏令随时更改者，案件关系至重，故必以已经钦定为准，免涉分歧。

十一、发命令及使发命令之权。惟已定之法律，非交议院协赞奏经钦定时，不以命令更改废止。法律为君上实行司法权之用，命令为君上实行行政权之用，两权分立，故不以命令改废法律。

十二、在议院闭会时，遇有紧急之事，得发代法律之诏令，并得以诏令筹措必需之财用。惟至次年会期，须交议院协议。

十三、皇室经费，应由君上制定常额，自国库提支，议院不得置议。

十四、皇室大典，应由君上督率皇族及特派大臣议定，议院不得干预。

附臣民权利义务

（其细目当于宪法起草时酌定）

一、臣民中有合于法律命令所定资格者，得为文武官吏及议员。

二、臣民于法律范围以内，所有言论、著作、出版及集会、结社等事，均准其自由。

三、臣民非按照法律所定，不加以逮捕、监禁、处罚。

四、臣民可以请法官审判其呈诉之案件。

五、臣民应专受法律所定审判衙门之审判。

六、臣民之财产及居住，无故不加侵扰。

七、臣民按照法律所定，有纳税、当兵之义务。

八、臣民现完之赋税，非经新定法律更改，悉仍照旧输纳。

九、臣民有遵守国家法律之义务。

落日余晖

人们一般认为，光绪帝在戊戌政变后已经彻底成为傀儡，只剩下象征性的角色。但有部分学者认为，在辛丑年开启的这场“清末新政”中，光绪帝仍对朝臣有较为重要的影响。

1906年9月1日，清政府正式宣布“预备仿行宪政”。当时，清廷偏向尊崇皇权的“日本模式”，而立宪派倾向由内阁即国会主导的英国模式。

当时，野心勃勃的政坛新贵袁世凯极力主张“责任内阁制”为中心的官制改革方案。他一是想借改革官制，裁撤军机处，按照立宪国的“责任内阁制”由首相组织内阁，再拥护庆亲王做国务总理大臣，自己做副总理大臣，至于各部大臣则由首相推荐，从而掌控新政府的大权。

此外，他也担心：一旦慈禧去世、光绪帝复位，自己作为“告密者”会有怎样的下场。袁氏是想通过“责任内阁制”来分散皇权，保住自己的地位和势力。他的主张，遭到庚子之乱后崛起的另一股政坛势力岑春煊、瞿鸿禨一党，以及皇室权贵铁良等人的强烈反对，并引发了“丁未政潮”。

即使是在极力地自我压抑，在外人看来有些“疯傻呆”的光绪帝也没有掩饰对袁世凯的恨意。

两宫西狩期间，吴永在出入行宫时看到颇为荒诞的一幕——光绪帝与小太监坐地玩游戏，全无天子威仪。他们在纸上画一只乌龟，龟背写上袁世凯的名字，贴到墙上，皇帝用小竹弓射击。

辛丑年后，一次慈禧携光绪帝、嫔妃女官们坐小火车外出游玩，至天津站时停留，时任直隶总督的袁世凯在月台上恭迎太后和皇上。随行的德龄注意到，光绪帝自始至终与袁世凯没有目光接触。

“丁未政潮”最后以岑春煊、瞿鸿禨一系出局告终，而北洋系也没有成为赢家。擅长搞平衡术的慈禧太后由此引入光绪帝的弟弟、年轻的醇亲王载沣进入军机处，来牵制袁世凯、奕劻一派的势力。

据说，光绪帝曾和载沣通过书房的密信来交换彼此对一些政事的看法。等溥仪即位，载沣成为摄政王后，第一件事就是把袁世凯赶回老家“养疾”，一是为兄长报仇，一是因为满汉争权。

载沣才干平庸、性格温厚，行事为人大有其父老醇亲王奕譞之风。其人最大的特点是什么都“照例”，小到饮食、穿戴、发式、生病吃药，大到后来做“监国摄政王”，一切遵循旧制、不越雷池半步。

光绪帝的另一位异母弟载涛曾如此评价这位摄政王：“遇事

优柔寡断，人都说他忠厚，实则忠厚即无用之别名。他日常生活很有规律，内廷当差谨慎小心，这是他的长处。他做一个承平时代的王爵尚可，若仰仗他来主持国政，应付事变，则决难胜任。”当时，皇室宗亲里已鲜有如老恭亲王奕䜣那样能撑得起大局的人物——无论是“载”字辈，还是“溥”字辈。

除了政治上的新气象，慈禧也竭力表现出对外亲善的姿态。她开始在颐和园接见并款待各国公使夫人，扮演起慷慨、殷勤、富有魅力的女主人。据太监说，这位好胜心极强的老太后甚至一度有学外语的打算，后因年纪实在太大才作罢。

曾担任过清廷驻日、法公使裕庚的两个女儿德龄、容龄因此进宫，充当慈禧的翻译，协助她开展对外社交。这对颇善交际的姐妹花之前随父在欧洲生活多年，接受西方教育，会说几国语言。德龄由此留下了一些有关慈禧太后、光绪帝和后妃们的著述。

回到京城后，光绪帝稍稍比过去多了点自由，但仍处在严密监控中。德龄和常入宫为后妃看病的何德兰夫人都注意到，慈禧把光绪带出来时看得很紧，不让他离开自己视线超过半个时辰。每当慈禧在宫里招待各国公使夫人，她会特别警惕外国人和光绪帝的接触。她曾交代德龄，若皇上和外国人交谈，须由她来翻译，实际上是叫她监视光绪。德龄很机灵地应承下来，然后回禀慈禧，自己从来没有看见皇上和外国人说过话。

光绪每日退朝后，唯以读书解闷，其中大部分是西学书籍。

在德龄以及曾进宫为慈禧画肖像的美国女画家凯瑟琳·卡尔的描述里，当慈禧太后看戏时，皇帝经常躲在角落里看书。

1908年，有位叫周景涛的医生入宫为光绪诊脉，见皇上书房的御案上摆着《四库全书提要》《贞观政要》《太平御览》《大学衍义》，另有《理财学》四册，似新购尚未开封。环视四周，宫中陈设极为简陋，“视两江总督端方的书室，相去渊霄”。

戊戌政变之后，光绪帝失去了政治权力，人身自由亦受到限制。特别是遭遇庚子之变和珍妃之死，史书一般都认为光绪帝精神已饱受打击。《清史稿》也如此记录：“庚子以后，（皇上）怫郁摧伤，奄致殂落，而国运亦因此而倾矣。”

到后期，光绪越发寡言，表情经常呆呆的。和慈禧一同上朝听政时，他基本不说话，太后问他时，他回答一两句就没有下文了。当时，宫里有很多人说他已疯傻了，但那些忠于他和同情他的人如王照、恽毓鼎等，都认为皇帝既没有疯也没有傻，所谓“处万难之会，遵养时晦，以求自全，有大不得已之苦衷哉”。

王照有个跟他学官话拼音的学生叫张雪岩，在东华门外经营一家古玩钟表店铺，负责宫里的钟表维修。一日，他到宫中领取要修的钟表，看到其中有一只破损的八音盒。光绪帝用笔在这只八音盒里的大滚轮周围做了一些标记，命他去掉原有的旧钉，在标记处重新定插新钉。张氏听得一头雾水，回去依照此法插钉，然后摇动轮子一听，八音盒里竟奏出一首中国曲子来。在当时，北方的钟表匠虽然能修外国产的八音盒，但还没有人能制作以及对其做改动。

王照认为皇上完全是自己从书中学习并摸索出来的，并且让专业的资深老匠人都自叹不如。他继而不忿道：那些说皇上疯傻了的旗人才是真傻，皇上不过是把自己的智慧聪明都投入到书中去了。

他越发坚信光绪帝仍怀着韬光养晦的心志，且“抑郁之深，不能自掩”，令逆党们不能不注意。从中国第一历史档案馆保存的清代内务府档案来看，光绪帝的确没有让这位臣子失望。

海外学者叶小青曾对光绪帝人生末年的阅读书目做过研究，发现他在去世前一年仍在大量地、有针对性地读书，所涉猎的领域和阅读量堪称惊人。在 1908 年 1 月 29 日这一天，内务府拿到皇帝的朱笔书单如下：

《日本宪法说明书》《日本统计释例》《日本宪政略论》《译书提要》《驻奥使馆报告书》；商务印书馆新印各书：《孟德斯鸠法意》《政治讲义》《法学通论》《比较国法学》《政治学》《国法学》《民法原论》《政治泛论》《宪政论》《行政法泛论》《日本预备立宪》《国债论》《警察讲义录》《日本警察讲义录》《日本警察法述义》《自治论纂》《宪法研究书》《日本监狱法详解》《万国国力比较》《政治一斑》《列国政治异同考》《欧洲最近政治史》《欧洲新政史》《欧洲财政史》《经济通论》《理财新义》《日本法制要旨》《日俄战纪》《最新战法学》《德国学校制度》《各国宪法大纲》《英国宪法论》《万国舆图》《欧美政教纪原》。

这份单子上的书目，遍及政治、经济、法律、历史、财政、司法、行政等领域。两天后，内务府便将搜集到的部分图书呈报给光绪帝，共有 27 部。半个月后再向皇帝交补了部分未呈递图书。

不到一个月，光绪帝又从该书单上的《政治一斑》一书中抄出了书里的目录，让内务府去核实目录的来源，并索要此目录所对应的图书。这说明他是详细地阅读了这些书的。

与此同时，他还让内务府购呈《瀛寰志略》《万国史纲》《帝国主义》《欧洲新政史》《高等学堂中国历史》《西洋历史教科书》等历史图书，以及《英华大辞典》《华英音韵字典集成》《华英进阶全集》《和文汉译读本》等词典书籍。以上书籍有些是中国学者依据外国史书编纂的，有些是直接译自外文图书。

从这几份书单看，这位囚徒天子等待将来有所作为的那颗心并没有死去。

第六章 嫌疑人X的现身

光绪三十四年（1908）十月十七日当天，光绪帝按例上完早朝，下午批阅送呈过来的奏折，然后吃了太监送来的膳食。

饭后约半个时辰，光绪帝忽然感到身体强烈不适，随后传下两道上谕紧急延医。内务府大臣赶紧为他请来太医吕用宾就诊，并为其安排当晚住宿，做好值夜班的准备。

四日后，光绪帝驾崩于瀛台。

钟里满推测，光绪帝最可能被下毒的时间，就是十七日这顿来自太后的赐膳。之前，光绪的身体状况一直表现正常，每日都上早朝。

此外，光绪当天虽然已经服下慈禧的赐食，但在一小时后发作之前，表现与正常人无异时，慈禧竟然命人将光绪皇帝的棺椁抬到乾清宫，准备后事。仅此一事，就无可争辩地说明，慈禧太后是谋害光绪皇帝的幕后指使。

调查光绪帝死因的课题项目于2008年完结后，钟里满就一直钻在清宫档案、御医们留下的脉案、各种日记和官员回忆录之中，试图在蛛丝马迹中寻找破案的线索。此外，也仍有学者对“毒杀”说持不同看法或保留意见。

清史编纂委员会主任戴逸是钟里满项目的支持者，他认为下毒者是谁不重要，慈禧是主谋，这一点恐怕是没有问题的，因为慈禧再三表示自己不能死在光绪前头。而以袁世凯当时的势力，还没有能力插手宫中事务。

几年前，有国内学者在日本的历史档案馆里，发现了一份

1904年时任清廷外务部右侍郎的伍廷芳与日本公使内田康哉的谈话记录。谈话中，内田问伍廷芳，如果慈禧先死了，那么光绪会怎么样。伍廷芳说这件事很糟糕，光绪很可能会死在前面，因为北京的宫廷里面都这样传说。然后，他提出希望日本政府能够出兵救光绪帝出来。

另据德龄的回忆，光绪帝很清楚自己不太可能活到慈禧死后。事实上，光绪帝戊戌年后就开始不吃药。据宫女、女官们的回忆，他时常流露出很怕死的样子，疑心病也很重。

按《方家园杂咏纪事》所载：光绪三十四年夏秋之交，慈禧太后的痢疾旧症复发，持续了几个月。病情越来越重后，她又开始命各路医生每日来给光绪号脉，并“宣示中外，开方进药”。皇帝“从未进一口，已视为习惯之具文”。

光绪帝的另一位弟弟载涛曾向宫里打探过兄长临死前的情形。相熟的太监告诉他，慈禧临终时曾多次问身边太监，皇帝现在如何，进药了没有。当太监告诉她，皇帝已经奄奄一息，不能进药时，她似乎安心多了。

在光绪帝病危的数日里，隆裕皇后一直守候在光绪的寝宫里。皇帝暴崩后，她仍守床畔，一刻不离，直到皇帝的遗体被移到乾清宫大殓后才离开，然后赶往慈禧太后宫中。此时，太后已经不能说话。

这是这一对名义上的夫妻单独相处最久的一段时光。没有人知道，在死亡把他们彻底分开前，彼此是否有过怜悯、和解的一刻。

光绪帝驾崩前一日傍晚，宫里传出慈禧太后的懿旨：由三岁的溥仪入承大统，过继给同治帝载淳，同时兼承光绪帝之祧，一人祧两房。他的父亲、醇亲王载沣任“监国摄政王”。

宣统元年（1909）正月，光绪帝上尊谥曰“同天崇运大中至正经文纬武仁孝睿智端俭宽勤景皇帝”，庙号德宗，葬崇陵。史书一般称其为“景皇帝”或德宗。

“景”为谥号，布义行刚曰“景”。庙号“德宗”，则有遭遇动乱被迫逃亡之意。《清史稿》对此论述道：

> 德宗亲政之时，春秋方富，抱大有为之志，欲张挞伐，以湔国耻。已而师徒挠败，割地输平，遂引新进小臣，锐意更张，为发奋自强之计。然功名之士，险躁自矜，忘投鼠之忌，而弗恤其罔济，言之可为于邑。洎垂帘再出，韬晦瀛台。外侮之来，衅自内作。卒使八国连兵，六龙西狩。庚子以后，怫郁摧伤，奄致殂落，而国运亦因此而倾矣。呜呼，岂非天哉！

这是史官对爱新觉罗·载湉一生的总评：他们赞美光绪帝亲政时锐意进取，抱有“欲张挞伐，以湔国耻”的大志。甲午战败遭遇“割地”“议和”之辱后，更有发奋图强的心志，主持、推行变法维新，谋求国家的自强之道，并且不拘一格地任用中下层有志之士。然而，这些新进小臣险躁自矜、急于求成，最终为皇帝招来大祸。在经历政变、夺权、软禁以及国难、乱离后，他的身、心、灵饱受摧残折磨，最终黯然离世。大清王朝也由此走向末路，岂非天意！

在历史的宏大叙事之外，可还有人记得那个在醇亲王府后花园里命令小鸟为他唱歌的大眼睛小男孩？

宣统三年（1911），武昌革命爆发，长达276年的清王朝土崩瓦解。

1912年2月12日，身为皇太后的隆裕将《清帝逊位诏书》的盖用御宝陈于黄案。上海《申报》报道当时情景："清后仍大哭。清帝时立清后怀中，见状亦哭，袁世凯君及各国务大臣亦同声一哭。"

图书在版编目(CIP)数据

光绪之死/徐琳玲著. —长沙:岳麓书社,2020.11

ISBN 978-7-5538-1304-2

Ⅰ. ①光… Ⅱ. ①徐… Ⅲ. ①光绪帝(1871—1908)—传记
Ⅳ. ①K827=52

中国版本图书馆 CIP 数据核字(2020)第 103524 号

GUANGXU ZHI SI

光绪之死

作　　者:徐琳玲

责任编辑:李郑龙

营销编辑:谢一帆　吴咪咪

责任校对:舒　舍

封面设计:格局创界文化

岳麓书社出版发行

地址:湖南省长沙市爱民路 47 号

直销电话:0731-88804152　0731-88885616

邮编:410006

版次:2020 年 11 月第 1 版

印次:2020 年 11 月第 1 次印刷

开本:850mm×1168mm　1/32

印张:8.75

字数:180 千字

ISBN 978-7-5538-1304-2

定价:58.00 元

承印:湖南众鑫印务有限公司

如有印装质量问题,请与本社印务部联系

电话:0731-88884129